어린이를 위한
그랜드투어

원작 **송동훈**

연세대학교에서 정치외교학을, 같은 대학 국제학대학원(GSIS)에서 국제정치학을 공부했습니다. 12년 동안 〈조선일보〉 기자로 일했고 2009년 독립해 세계 곳곳으로 여행을 다녔습니다. 기자 시절 키운 날카로운 통찰력으로 역사적 사건들을 재평가하여 새로운 시각으로 바라보고, 그렇게 얻은 지식과 관점을 사람들과 나누고 싶어 역사 콘텐츠 회사 ㈜송동훈을 설립해 강연과 집필 활동을 하고 있습니다. 탁월한 리더가 나타나기를 바라는 마음으로 2014년 신세계그룹과 함께 인문학 프로그램 '지식향연'을 기획했고, 다가올 우주 시대에 대응하고자 2022년 우리나라 첫 우주 미디어 '코스모스 타임즈'를 설립했습니다. 그동안 쓴 책으로는 〈송동훈의 그랜드투어〉(서유럽·동유럽·지중해 편), 〈에게해의 시대〉, 〈대항해시대의 탄생〉, 〈세계사 지식향연〉, 〈제국의 리더십〉이 있습니다.

글 **김우람**

초등 교과와 연계한 다양한 학습 콘텐츠와 어린이책을 만들고 있습니다. 월간 〈우등생 키즈〉, 〈우등생 과학〉 등에서 기자 및 편집자로 활동했으며, 〈닮고 싶은 창의 융합 인재〉 시리즈와 〈아이스크림 어린이신문〉 등의 편집 작업을 담당했습니다. 〈닮고 싶은 창의 융합 인재 2〉와 〈뭔말 역사 용어 150〉(스토리 작업), 〈벌거벗은 세계사〉 시리즈 등을 썼습니다. 어린이가 존중받는 세상이 되길 꿈꿉니다.

그림 **윤재홍**

학습 만화 〈우리 속담〉으로 만화 작가 활동을 시작했습니다. 주요 작품으로는 〈뱅글뱅글 100 추리〉와 〈마법천자문 사회원정대〉 시리즈, 〈WOW 세계 문화 역사 지리 탐험대〉 시리즈, 〈LIVE 과학〉 시리즈, 〈히밥 1 아시아 음식〉 등이 있으며, 초등 과학 잡지 〈우등생 과학〉에서 만화를 연재한 이력이 있습니다.

문명 탐험가 송쌤과 떠나는 세계 역사 여행

어린이를 위한 그랜드투어

① 서유럽

영국
프랑스
이탈리아

송동훈 원작　김우람 글　윤재홍 그림

아이스크림북스

그랜드투어를 통해
생생한 세계사 공부를 해 보세요!

저는 어렸을 때부터 여행을 좋아했습니다. 낯선 곳에서 새로운 경험을 하는 것이 무척 신나고 즐거웠죠. 특히 역사 유적지로 떠나는 여행을 좋아했는데, 책으로만 보던 장소를 실제로 보게 되었을 때 느껴지는 설렘과 흥분은 아주 큰 행복이었답니다. 하지만 여행을 가기 전 어머니께서는 꼭 이렇게 말씀하셨죠.

"놀러 가기 전에 공부해라."

여행을 다녀오면 또 이렇게 말씀하셨어요.

"실컷 놀다 왔으니 이제 공부해라."

저는 여행도 공부라고 생각했는데, 어렸을 때는 이 생각을 논리적으로 표현할 방법이 없었습니다. 그러다 고등학생 때 아버지 서재에 있던 타임(TIME)의 〈세계사 전집〉에서 '그랜드투어'라는 개념을 발견했습니다. 그랜드투어는 17세기 영국에서 당대 최고의 지식인으로 손꼽히는 선생님과 귀족 자제들이 함께 떠났던 교육 여행입니다. 한번 떠나면 짧게는 1~2년에서 길게는 6~7년까지 걸리는 장기간의 여행이었죠. 선생님과 학생들은 긴 시간 동안 함께 여행하면서 세계 곳곳의 역사와 문화, 사회, 경제, 정치, 예술을 공부하고 방대한 지식과 교양을 쌓았습니다. 당시 영국의 귀족 중 일부는 자녀를 대학에 보내는 대신 그랜드투어를 보냈습니다. 여행이 대학 공부보다 훨씬 유익하고 가치 있는 교육이라고 판단한 거죠.

그랜드투어라는 개념을 알고 나니, 어린 시절에 했던 생각이 옳았다는 걸 더욱 확신하게 되었습니다. '그래, 여행은 공부였어. 내 생각이 맞았어.'라고요. 17세기에 시작된 그랜드투어는 지금도 이어져 오고 있답니다. 실제로 하버드, 예일, 스탠포드 같은 유명한 미국 대학에서 교수님과 함께 떠나는 교육 여행 프로그램이 진행되고 있어요. 여전히 여행은 가장 훌륭한 교육 수단인 것이죠.

특히 역사 여행은 세상을 바라보는 새로운 시각을 갖게 해 줍니다. 역사를 알면 과거와 현재가 어떻게 변화했고, 다른 나라 사람들은 우리와 어떤 면이 왜 다른지 자연스럽게 이해할 수 있거든요. 역사는 세상의 변화와 흐름을 읽을 수 있는 힘을 길러 줍니다.

　　이런 생각으로 여행을 갔을 때 꼭 봤으면 하는 장소와 인물에 대한 이야기를 썼던 〈송동훈의 그랜드투어〉 시리즈가 많은 분들의 사랑을 받았습니다. 문체부 우수교양 도서로 선정되기도 했죠. 강연을 갈 때마다 어린이를 위한 여행 책도 써 달라는 요청이 많았는데, 아이스크림북스에서 어린이를 위한 그랜드투어 시리즈를 만들고 싶다는 제안을 해 주셔서 기쁜 마음이었습니다.

　　이 책에서는 세계사적으로 가장 큰 위상을 차지하는 세 나라, 영국, 프랑스, 그리고 이탈리아로 여행을 떠납니다. 영국은 현대 사회의 큰 가치인 의회 민주주의와 자본주의를 만들고 키워냈으며, 프랑스는 절대 왕정, 대혁명을 통해 세계의 역사를 이끌어 왔습니다. 또한 이탈리아는 유럽 문명에 큰 영향을 준 로마 제국의 시작인 동시에 르네상스의 고향으로써 큰 역사적 가치를 지니지요. 이 세 나라의 주요 장소들을 여행하면서 거대한 세계 역사의 흐름에 대해서 느낄 수 있으면 좋겠습니다.

"세계는 한 권의 책과 같아서 여행하지 않는 자는 그 책의 단지 한 페이지만을 읽을 뿐이다."라는 말이 있습니다. 어린이 여러분의 앞날에는 무한한 세계가 펼쳐져 있답니다. 이 책을 통해 얻은 역사적 지식과 풍성한 지혜가 어린이 독자들의 앞날에 큰 자양분이 되기를 진심으로 바랍니다.

송동훈

읽고 상상하고 고민하며
세상에 대한 통찰력을 키울 수 있는 책!

여행, 모험, 탐험처럼 설레고 재미있는 일이 또 있을까요? 그런데 이렇게 즐거운 일들이 공부라고 말하는 책이 나왔습니다. 〈어린이를 위한 그랜드투어〉는 문명 탐험가 송동훈 선생님(송쌤)과 신비로운 능력을 지닌 강아지 리키의 그랜드투어에 초등학생 지우와 산이가 우연히 합류하며 시작되는 역사 탐험 여행 이야기입니다.

역사는 단순히 지나간 과거의 일이 아닙니다. 현재는 과거에 벌어진 사건들이 켜켜이 쌓이고 모여서 만들어진 결과입니다.

그래서 역사의 흐름을 따라가다 보면 우리가 사는 지금의 세상을 이해할 수 있죠. 우리가 반드시 역사 공부를 해야 하는 이유입니다.

역사 공부는 과거의 다양한 사건과 인물 속에서 '왜?'라는 질문을 던지고 답을 찾는 지적 모험이기도 합니다. 〈어린이를 위한 그랜드투어〉에서 송쌤은 먼 옛날 '그랜드투어'가 그러했듯 아이들과 함께 역사적으로 유명한 장소로 여행을 떠납니다. 그리고 각각의 장소에서 과거에 어떤 사건이 벌어졌는지 들려주고, 그 일이 지금은 어떤 의미를 지니는지 스스로 생각하게 도와줍니다. 어려운 내용도 여행이라는 수단을 활용하면 훨씬 쉽고 재미있게 이해할 수 있습니다. 어린이 독자들은 세계사적으로 중요한 사건들의 인과관계를 이해하고, 스스로 그 사건의 의미를 찾아내는 경험을 할 것입니다.

세상을 향한 호기심과 상상력이 넘치는 어린이 독자들이 이 책을 통해 통찰력을 키우고 자신만의 그랜드투어를 떠날 수 있기를 바랍니다.

정재승

(KAIST 뇌인지과학과 교수, 〈인간탐구보고서〉·〈인류탐험보고서〉 기획)

차 례

의회 민주주의를 꽃피운 나라 **영국** • **20**

여행은 가장
위대한 스승!

문명 탐험가 송쌤

찬란한 역사와 문명을
꽃피우고 아름다운 예술이
탄생한 현장으로 아이들을
안내하는 '문명 탐험가'.
어딘가 신비롭고 미스테리한 구석이 있는,
'그랜드투어'의 가이드이자 선생님이자 탐험 대장이자
작가이자 든든한 보호자이다. 의문의 생명체 리키와 함께 다닌다.

리키

12년 전 송쌤이 여행하던 중 만난 의문의 생명체.
첫 만남 이후 계속 송쌤을 따라다닌다.
리키는 '차원의 문'을 여는 놀라운 능력을
지녔는데, 송쌤은 이를 '영역 표시'라 부른다.
리키가 영역 표시를 한 문을 열면 거기가
어디든 송쌤이 원하는 곳으로 이동할 수 있다.

사실 내 진짜 정체는
지구 문명을 배우기 위해
다른 행성에서 지구 별로
그랜드투어를 온 여행자다옹.

지구에 온 이후 송쌤에게
배운 내용을 모두 다이어리에
기록하는 중이다옹! 후후.

홍지우

역사에 관심이 많고 매사에
똑 부러지는 여학생.
낙관적이고 용감하며 누구도 못 말리는
직진 본능의 소유자다. 남을 웃기는 일에
진심인 편이며 지금까지 단 한 번도 이긴 적
없는 동네 야구단 '꿀벌스'의 에이스다.

남산

장난꾸러기처럼 보이는 첫인상과는
달리 신중하고 마음이 여리다.
지우와는 아주 어릴 때부터 같은
동네의 단짝이자 라이벌로 자랐다.
지우가 뭔가를 하면 일단 같이 하고
보는 탓에, 지우를 따라 야구를 시작한 지
1년 만에 꿀벌스의 4번 타자가 되었다.

14

휴, 그러니까….
그렇게 된 거군요.

아직 준비 단계이긴 하지만
이왕 이렇게 된 거 어쩔 수 없죠.
여러분을 그랜드투어 1기 멤버로
임명하겠습니다!

딱

그랜드투어
1기

그랜드투어
멤버요?
우리가요?

오, 뭔지 몰라도
그럴듯해! 아무튼
좋아요!

공 찾으러 왔다
여행이라니~
럭키비키잖앙.

저는 문명
탐험가랍니다. 편하게
쌤이라고 불러 주세요!
얘는 리키! 자세한
이야기는 차차
나누기로 하고….

'여행은 가장 위대한 스승'이라는 말이
있죠! 저를 따라 전 세계 곳곳을 누비며
눈으로 보고 느끼고 배우다 보면

다양한 시선으로
세상을 바라볼 수
있을 겁니다! 야구보다
100배 재미있는
그랜드투어가….
블라블라~

윽, 대화 폭격기다.

그나저나 리키야,
너 정말 굉장한
능력을 지녔구나!

멍!

부비~
부비~

여기가 런던, 그러니까
진짜 영국이라고?

! 왈 왈

영국

영국은 한때 '해가 지지 않는 나라'라고 불렸던 나라입니다. 한반도보다 조금 큰, 유럽 대륙 변방의 작은 섬나라에 불과했던 영국은 어떻게 해서 세계사의 중심에 우뚝 서게 되었을까요? 위대한 군주 엘리자베스 1세와 넬슨 제독을 거쳐 자유 민주주의를 지켜 낸 처칠에 이르기까지 지금의 영국을 만든 인물과 사건을 차례로 더듬어 가다 보면 그 이유를 알 수 있을 거예요.

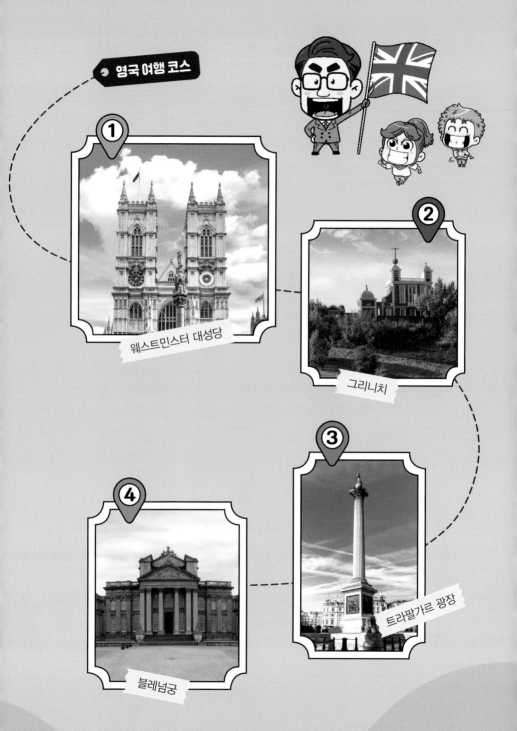

영국 여행 코스

① 웨스트민스터 대성당

② 그리니치

③ 트라팔가르 광장

④ 블레넘궁

웨스트민스터 대성당과 스콘의 돌

여기는 영국의 수도 런던에 있는 **웨스트민스터 대성당**입니다. 하늘을 향해 곧게 뻗은 첨탑이 정말 근사하죠? 그랜드투어의 첫 번째 여행지로 이곳을 선택한 이유가 있는데요, 바로 이곳에 **자유**에 대한 흥미로운 이야기가 깃들어 있기 때문이에요. 어찌 보면 인류의 역사가 자유를 위해 투쟁해 온 역사인 만큼 그랜드투어를 시작하기에 아주 적합한 장소죠?

 웨스트민스터 대성당이라면 저도 들어 본 적 있어요. 영국 국왕 찰스 3세의 대관식이 열린 곳이잖아요!

맞아요. 찰스 3세뿐만 아니라 이곳 웨스트민스터 대성당에서는 1066년 이후 약 1,000년 동안 영국 왕 40명의 대관식이 치러졌답니다. 또 엘리자베스 1세와 같은 영국 왕들을 비롯해 아이작 뉴턴, 찰스 다윈, 게오르크 프리드리히 헨델 등 영국을 대표하는 과학자와 예술가들이 잠들어 있는 곳이기도 하죠. 친구들도 한 번쯤 들어 본 이름이 있죠?

오래전에 배낭 하나 달랑 메고 유럽을 여행할 땐 저 역시 이 수많은 위인의 흔적을 직접 보고 싶어서 이곳에 왔죠. 그런데 오늘 제가 친구들에게 하고 싶은 이야기는 따로 있어요. 바로 어떤 **돌**에 관한 겁니다. 저기 사람들이 모여 있는 곳으로 가 볼까요?

대관식 의자의 빈 공간

이 의자는 '대관식 의자'라고 해요. 1,300년에 제작된 이후 지금까지 영국 국왕 27명이 이 의자에 앉아 왕관과 함께 왕의 자리를 물려받았죠. 원래는 이 의자 아래 마련된 공간에 **스콘의 돌**이라 불리는 커다란 돌이 끼워져 있었습니다.

대관식 의자 사진.

여기 이 자리에 스콘의 돌이 들어 있었죠.

돌이 스콘 모양으로 생겼나? 그런데 왕이 앉는 의자에 왜 돌을 끼워 둔 거람?

엥? 지금은 아무것도 없는데요?

지금부터 그 이야기를 자세히 해 볼게요. 스콘의 돌은 길이 66 cm, 무게 152 kg에 달하는 직육면체 모양의 커다란 돌이에요. 원래 성경에서 야곱이 천사의 꿈을 꿀 때 베고 잔 베개라고 알려진 신성한 돌이죠. 전설에 따르면 이집트 파라

스코틀랜드 스콘 성에 전시된 스콘의 돌 복제품.

오의 딸 스코타가 스페인과 아일랜드를 거쳐 스코틀랜드까지 옮겼다고 해요. 이후 스코틀랜드 왕들은 이 신성한 돌 위에서 대관식을 치렀어요. 그러니까 스콘의 돌은 스코틀랜드의 왕권과 정통성을 상징하는 물건인 셈이죠.

그런 중요한 돌이 왜 스코틀랜드가 아니라 런던의 웨스트민스터 대성당에 있는 거죠? 훔쳐 온 거 아닐까요?

당시 잉글랜드의 왕 에드워드 1세가 1296년 스코틀랜드를 정복하면서 이 돌을 전리품으로 챙겨 웨스트민스터 대성당으로 가져왔기 때문입니다. 스코틀랜드 왕이 굴복한 이후에도 스코틀랜드 사람들이 계속해서 저항하자, 에드워드 1세는 이들의 저항 의지를 꺾어 버릴 속셈으로 스코틀랜드의 자부심이라고 할 수 있는 스콘의 돌을 가져온 거죠.

에드워드 1세는 런던으로 돌아온 후 스콘의 돌을 끼워 넣을 수 있는 의자를 만들도록 지시했어요. 그게 바로 저 '대관식 의자'입니다. 이후 영국의 왕들은 대부분 이 의자에 앉아 대관식을 치르고 왕위에 올랐죠.

 스코틀랜드 입장에서는 엄청난 굴욕이었겠네요.

맞아요. 영국의 왕이 스콘의 돌을 깔고 앉는다는 건 스코틀랜드에서 더는 정통성 있는 왕이 즉위할 수 없다는 뜻이었거든요.

사실 에드워드 1세는 브리튼섬의 통일을 꿈꾼 최초의 왕이자 법률을 개혁한 훌륭한 왕이지만, 스코틀랜드 입장에서는 자유를 빼앗아 간 무자비한 폭군일 뿐이었어요. 스코틀랜드 사람

웨스트민스터 대성당에 있는 에드워드 1세의 초상화.

들은 끝까지 저항했고 1314년 마침내 독립을 쟁취했어요. 그리고 독립하자마자 잉글랜드의 왕에게 '스콘의 돌'을 돌려 달라고 요구했죠. 그런데 잉글랜드는 이 요구를 거절했어요.

스콘의 돌은 어디에?

 그럼 스콘의 돌은 지금 어디에 있어요?

영국이 스콘의 돌을 스코틀랜드에 돌려준 건 불과 30여 년 전의 일입니다. 현재 스코틀랜드는 영국을 구성하는 연합 왕국 4개 중 하나예요. 1603년 잉글랜드의 엘리자베스 1세가 사망한 이후 스코틀랜드의 왕이 잉글랜드 왕까지 겸하게 되면서 두 나라는 하나가 되었죠. 그러나 스코틀랜드 사람들의 잉글랜드에 대한 반감과 완전한 분리 독립을 향한 열망은 지금까지 이어지고 있답니다.

하지만 지금 영국 입장에서는 스코틀랜드가 독립하는 게 좋을 리가 없겠죠? 그래서 1996년 영국 정부는 스코틀랜드 사람들의 독립 의지를 누그러뜨리려고 스콘의 돌을 스코틀랜드로 반환했답니다. 700년 만에 스코틀랜드는 잉글랜드의 속박에서 벗어난 셈이죠. 비록 상징이긴 하지만 말이에요. 단, 영국 왕실은 여기에 한 가지 조건을 달았어요.

66 대관식 때는 스콘의 돌을
웨스트민스터 대성당으로 가져온다. 99

그러면 찰스 3세의 대관식 때에도 스콘의 돌을 빌려와 저 의자에 다시 끼워 넣었던 거예요?

맞습니다. 2023년 4월 29일 밤 스코틀랜드의 에든버러성에 보관 중이던 스콘의 돌은 철저한 보안 속에서 다시 이곳으로 옮겨졌지요. 찰스 3세는 오랜 전통에 따라 스콘의 돌이 결합된 대관식 의자에 앉아 대관식을 치렀죠.

대관식을 위해 런던으로 잠시 돌아온 스콘의 돌.

스콘의 돌은 여전히 대관식 '필수템'이구나. 저 야구공이 꿀벌스 1승의 필수템인 것처럼 말이지.

멍!

스코틀랜드 사람들의 자유를 향한 열정과 독립 의지를 꺾으려고 스콘의 돌을 가져왔는데, 지금은 반대로 그 의지를 누그러뜨리려고 스콘의 돌을 돌려줬다는 게 흥미로운데요?

오, 지우 양! 그랜드투어 멤버다운 훌륭한 지적입니다! 이제는 시대가 변했고 힘과 억압으로는 자유로워지고자 하는 인간의 의지를 결코 꺾을 수 없다는 걸 모두가 알고 있으니까요. 아무튼 우리는 이 이야기에서 스코틀랜드 사람들의 자유를 향한 열정과 집념을 엿볼 수 있습니다. 자유를 빼앗긴 적이 있는 우리에게도 큰 울림을 주는 이야기죠?

앗, 이야기하다 보니 시간이 훌쩍 지났네요. 그럼 이제 다음 장소로 가 볼까요? 다음 장소는 이곳 웨스트민스터 대성당에 잠들어 있는 위대한 군주, 엘리자베스 1세의 고향이기도 합니다. 어디 보자, 다음 장소로 가는 입구가 어디에 있을 텐데….

웨스트민스터 대성당에 자리한 엘리자베스 1세의 무덤.

자유는 하루아침에 얻어지지 않는다!

역시 스콘은 영국이지! 맛있다!

스콘을 보니까 '스콘의 돌'이 생각나네.

그런데 이런 생각이 들어요. 이제 와서 스콘의 돌을 돌려받은들 무슨 소용이람?

꼭 그렇지만은 않습니다!

으아! 놀랐잖아요!

이런 말이 있죠. '로마는 하루아침에 이루어지지 않았다!'

자유 역시 마찬가지죠. 스코틀랜드는 역사 속에서 항상 약자였지만, 긴 세월 동안 수많은 사람이 피와 땀을 흘린 대가로 지금의 자유를 얻었답니다.

그 덕분에 지금까지 영국을 구성하는 4개 자치 정부로 남을 수 있었던 겁니다.

그런 치열함이 없었더라면 스코틀랜드는 이미 중세에 잉글랜드로 흡수되지 않았을까요?

스코틀랜드

북아일랜드

잉글랜드

웨일스

하하!

자유는 하루아침에 얻어지지 않는다!

그리니치와
엘리자베스 1세

맞습니다. 템스강 주변을 따라 넓게 펼쳐진 그리니치 공원은 런던의 동쪽 지역에 있어요. 엘리자베스 1세 이야기를 하기 전에 그리니치 하면 가장 먼저 떠오르는 게 바로 저기 언덕 위에 있는 **그리니치 천문대**일 겁니다. 그리니치 천문대는 관측 기능을 잃은 지는 오래됐지만, 여전히 세계의 중심이라고 말할 수 있어요. 그 이유는 전 세계 시간의 기준이 되는 선이 그리니치 천문대를 지나기 때문이에요.

옛날에는 나라뿐만 아니라 도시마다 시간이 제각각이었어요. 사람들이 자기가 사는 생활권을 벗어나는 일이 드물었던 아주 먼 옛날에는 지역마다 시간이 달라도 별문제가 없었을 거예요. 하지만 유럽 사람들이 배를 타고 전 세계를 돌아다니며 탐험과 무역을 시작하면서 서로의 경계를 넘나드는 일이 많아졌고, 교통수단과 통신이 점점 발달하자 사람들은 시간대를 통일해야 할 필요성을 느꼈지요.

그래서 1884년 25개 국가가 모여 **전 세계 시간의 기준이 되는 선**, 그러니까 **본초 자오선**을 정하기로 했답니다. 그 결과 각 나라가 사용하는 수많은 자오선 가운데 그리니치 천문대를 통과하는 영국의 자오선이 본초 자오선으로 정해졌어요. 그렇다면 어쩌다 영국을 지나는 자오선이 전 세계 시간의 기준이 되었을까요?

서로 자기네가 정한 자오선을 기준으로 하자고 했을 것 같은데…. 제비뽑기라도 했나?

그러게. 왜 하필 영국 자오선이 세계 시간대의 기준이 된 거야?

그리니치 천문대 바닥에 그어져 있는 본초 자오선.

    영국의 자오선이 본초 자오선으로 정해진 이유는 그만큼 당시 '해가 지지 않는 나라'라 불리던 영국의 영향력이 막강했기 때문입니다. 전 세계에서 공통으로 사용하는 '표준'을 정한다는 건 예나 지금이나 힘이 센 나라의 특권이거든요. 그런데 유럽 대륙 변방의 작은 섬나라에 불과했던 영국은 어떻게 세계 시간대의 표준을 정할 만큼 막강한 나라로 성장할 수 있었을까요? 그 답을 찾기 위해 지금부터 위대한 군주 **엘리자베스 1세** 이야기를 해 볼까 합니다.

잉글랜드를 확 바꾼 엘리자베스

엘리자베스 1세는 잉글랜드의
왕 헨리 8세와 그의 두 번째 왕비
앤 불린 사이에서 1533년에 태어
났습니다. 엘리자베스 1세가 태어
난 그리니치 왕궁은 그리니치 천
문대에서 채 1km도 떨어지지 않
은 곳에 있었어요. 옛 왕립 해군
사관학교가 있던 자리죠.

엘리자베스 1세의 초상화.

엘리자베스 1세는 꽤 불행한 어린 시절을 보냈어요. 그녀의
어머니인 앤 불린은 아들을 낳지 못했다는 이유로 온갖 누명을
뒤집어쓰고 처형을 당했거든요. 이후 엘리자베스 1세는 어머니
가 처형을 당한 장소인 런던 탑에 갇히는 등 감당하기 힘든 일
들을 겪어야만 했죠. 하지만 그런 상황 속에서도 엘리자베스
1세는 훌륭하게 성장했답니다. 그리고 남동생 에드워드와 언니
메리가 왕위를 물려줄 자식 없이 세상을 떠나자 엘리자베스는
스물다섯 살에 잉글랜드의 왕위에 올랐지요. 엘리자베스 1세의
대관식은 조금 전에 함께 다녀온 웨스트민스터 사원에서 성대
하게 열렸어요.

엘리자베스 1세가 지금까지 영국 국민에게 존경과 사랑을 받는 이유는 왕이 된 이후 나라를 싹 바꿔 놓았기 때문이에요. 엘리자베스 1세는 당시 엄청나게 오른 물가를 안정시키려고 화폐 개혁을 하는 등 어려움에 빠진 경제를 살리고자 노력했고, 개신교와 가톨릭 사이의 종교 갈등도 어느 정도 가라앉혔어요. 이런 노력 덕분에 엘리자베스 1세의 통치가 막을 내렸을 무렵, 유럽 변방의 작은 섬나라였던 영국은 유럽의 해상 강국으로 급부상했답니다.

말에 깃든 사랑과 용기

특히 엘리자베스 1세는 백성을 매우 **사랑**한 왕으로 유명해요. 백성의 뜻을 억압하지 않았고, 시장이나 거리에서 백성들과 대화하기를 즐겼어요. 엘리자베스 1세가 죽기 직전 마지막으로 한 연설을 보면 그녀가 얼마나 백성을 사랑했는지 알 수 있어요.

> 66 나보다 강하고 현명한 군주는 많았고 앞으로도 있겠지만, 나만큼 백성을 사랑하는 군주는 이제까지 없었고 앞으로도 없을 것이다. 99

백성 역시 이런 엘리자베스 1세를 사랑했어요. 일례로 엘리자베스 1세가 스페인과 전쟁하는 데 필요한 군대를 요청하자 백성은 그 두 배나 되는 군대를 선뜻 내어 주기도 했어요. 당시 국민은 자신들의 군주를 '훌륭한 여왕 베스'라 불렀답니다.

영국 국민이 지금도 엘리자베스 1세를 존경하는 또 다른 이유는 그녀가 보여 준 불굴의 **용기** 때문이기도 해요. 엘리자베스 1세가 왕이 되었을 무렵 스페인은 끊임없이 영국을 위협했어요. 스페인의 왕 펠리페 2세는 영국을 차지하려고 호시탐탐 기회를 엿보고 있었거든요.

당시 스페인은 전 세계에 식민지를 거느린 세계 최강국이었어요. '무적함대'라 불리는 스페인 함대가 전 세계 바다를 호령하며 곳곳에 식민지를 개척하고 있었죠. 스페인의 막강한 해군에 비하면 영국 해군은 정말 보잘것없었어요.

하지만 섬나라인 영국이 강국이 되려면 반드시 스페인을 넘어 '바다의 지배자'가 되어야만 했어요.

그렇겠지. 바다를 통하지 않고는 어디도 갈 수 없을 테니까….

스페인 축구팀을 무적함대라고 부르는 이유가 여기 있었네!

엘리자베스 1세는 눈앞에 맞닥뜨린 위협에 굴복하지 않고 스페인 무적함대에 맞서기로 했어요. 그렇다고 해서 무작정 불 속으로 뛰어들 수는 없었겠죠?

우선 엘리자베스 1세는 바다를 누구보다 잘 아는 해적을 이용했어요. 아메리카 대륙과 유럽을 오가며 엄청나게 많은 은과 갖가지 진귀한 물자를 실어 나르는 스페인의 보물선을 약탈하기로 한 거예요. 보물선 약탈 사업은 해적을 이용해 영국의 해군 전력을 강화하는 동시에 스페인까지 견제할 수 있는 신의 한 수였던 셈이죠.

이 사람이 바로 스페인 보물선 약탈에 앞장섰던 '프랜시스 드레이크'라는 인물입니다. 엘리자베스 1세 시대에 이름을 날린 전설적인 해적이죠.

옷도 검은색이고 뭔가 해적 느낌이 나는 것 같긴 해요.

프랜시스 드레이크의 초상화.

펠리페 2세가 가만히 있진 않았을 것 같은데… 영국이 스페인의 무적함대를 막을 수 있을까요?

펠리페 2세는 이를 응징하려고 1588년 대규모 무적함대를 영국으로 보냈답니다. 하지만 엘리자베스 1세와 프랜시스 드레이크를 중심으로 똘똘 뭉친 영국 해군은 프랑스 칼레 항구와 그 주변에서 벌어진 전투에서 대승을 거뒀어요. 칼레 전투에서 막대한 피해를 입은 스페인의 무적함대는 결국 퇴각할 수밖에 없었지요.

그 과정에서 스페인의 무적함대는 영국 해군의 공격과 폭풍우, 식량 부족 등으로 거의 전멸하다시피 했어요. 영국 해군이 무적함대를 격파할 때, 엘리자베스 1세는 은으로 된 갑옷을 입고 템스 강변의 군 야영지를 찾아 이렇게 외쳤다고 합니다.

> 66 나는 전장의 한복판, 그 열기 속에서 여러분과 함께 살고 죽겠다.
> 비록 힘없고 연약한 여성의 몸이지만, 나에게는 영국 왕으로서의
> 심장과 용기가 있다. 감히 내 왕국을 침범하는 자에겐 치욕을
> 안겨 줄 것이다. 내가 직접 무기를 들 것이다! 99

이후 바다의 주인은 스페인에서 영국으로 바뀌었답니다. 위대한 지도자의 사랑과 용기가 역사의 흐름을 바꾼 거죠. 엘리자베스 1세가 왜 대영 제국의 기틀을 마련한 위대한 군주라 불리는지 알겠죠?

송쌤~! 이렇게 현장에 와서 설명을 들으니까 엘리자베스 1세가 꼭 우리 옆에서 살아 숨 쉬고 있는 것 같아요!

지우가 그렇게 말해 주니 더욱 힘이 나는데요? 자, 그럼 이번엔 영국이 사랑하는 또 다른 영웅을 만나러 가 볼까요? 바쁘다, 바빠! 어디 보자, 리키가 어딘가 있을 텐데….

지구의 기준! 본초 자오선

본초는 '맨 처음'이라는 뜻이고 자오선은 '남극과 북극을 잇는 선'을 뜻한다.

시간의 기준

본초 자오선을 기준으로 지구를 15° 간격으로
나눠 24개의 표준 시간대를 만들었다.
본초 자오선을 기준으로 동쪽으로 15°
이동할 때마다 한 시간씩 빨라지고,
서쪽으로 이동할 때마다 한 시간씩 느려진다.

본초 자오선이 지나는
영국을 기준으로
동쪽을 동경, 서쪽을
서경이라고 한다.

대한민국은?
동경 135° 시간대에
속하니까 영국보다
9시간 빠르다!

서경 ◀ 경도 0℃ ▶ 동경

본초 자오선

적도

위치의 기준

지도를 보면 꼭 바둑판처럼 일정한 간격으로 가로와 세로선이 그어져
있다. 가로선은 위도를, 세로선은 경도를 나타낸다.
이렇게 가로와 세로로 줄을 그어 놓으면 지구 위의 특정 지점의
위치를 나타낼 수 있다. 좌표를 알 수 있다는 말!
물론 선을 그어놓는다고 해서 끝이 아님! 정확한 위치를 나타내려면
저 많은 선 중에 기준이 되는 선(그러니까 0° 인 선)이 필요하다.
위도의 기준이 '적도'라면 경도의 기준은 '본초 자오선'이다.

여기는 런던의 **트라팔가르 광장**입니다. 웨스트민스터 대성당에서 북쪽으로 쭉 올라오면 나오는 광장인데, 시원한 분수도 있고 내셔널 갤러리도 있어서 항상 관광객으로 북적이는 곳이에요. 벌써부터 분위기가 왁자지껄하죠?

이곳에 오면 시원한 물을 뿜어 대는 분수를 보며 잠시 쉬는 것도 좋고 미술관을 둘러보는 것도 좋지만, 오늘은 꼭 만나야 할 사람이 있어서 이 광장에 왔습니다. 저기 그분이 계시네요. 다들 찾으셨나요?

광장 중심에 우뚝 솟아 있는 거대한 기둥 꼭대기를 자세히 보세요. 높이 52 m에 달하는 거대한 기둥 위에 멋진 모자를 쓰고 왼손으로 커다란 칼을 잡고 서 있는 석상이 보일 겁니다. 그가 바로 오늘 우리가 만나 볼 주인공이자 영국 역사상 가장 위대한 해군 영웅으로 알려진 **허레이쇼 넬슨 제독**입니다.

그런데 저 석상, 좀 수상한데요? 넬슨 제독의 오른손이 없잖아요!

어? 정말 오른손이 없네? 왜 그런 거지? 무척 궁금한데?

산이는 눈썰미가 아주 좋은데요? 넬슨 제독은 전쟁터에서 오른눈과 오른팔을 잃었지만, 이에 굴하지 않고 전장의 최전선으로 나아가 전투를 지휘했어요. 이런 넬슨 제독의 모습은 영국인의 애국심과 자부심을 자극하는 하나의 아이콘이 되었답니다.

초급 장교 시절의 허레이쇼 넬슨.

넬슨 제독 하면 떠오르는 유명한 전투가 바로 **트라팔가르 전투**입니다.

1805년 스페인의 남부에 있는 트라팔가르 해협에서 프랑스 해군에 맞서 대승을 거둔 전투예요. 영국은 이 전투를 기념하는 뜻에서 이곳에 저 넬슨 기념탑을 만들고 '트라팔가르 광장'이라는 이름을 붙였어요. 안타깝게도 넬슨 제독은 트라팔가르 전투에서 목숨을 잃었어요. 하지만 이 전투 이후 영국은 100여 년 동안 전 세계 바다를 지배하게 됩니다.

평범하게 태어나 멋진 군인이 되었고, 전 세계 바다를 누비며 나라를 지키다 영웅으로 죽은 한 사내의 이야기! 지금부터 시작해 볼까요?

인도로 향하는 무역로를 지켜라

허레이쇼 넬슨이 해군 장교가 되어 바다를 누비던 1789년, 프랑스에서는 유럽 대륙 전체를 발칵 뒤흔드는 엄청난 사건이 일어났어요. 바로 '프랑스 대혁명'입니다.

당시 프랑스 사람들은 과도한 세금과 흉년 등으로 엄청난 생활고에 시달리고 있었어요. 또 신분 제도의 불평등에 대해서도 불만이 쌓일 대로 쌓인 상황이었지요. 성난 파리 시민들이 프랑스 왕 루이 16세를 단두대에서 처형했다는 소식이 퍼지자 전 유럽은 프랑스를 상대로 전쟁에 돌입했어요.

 프랑스에서 혁명이 일어났는데 왜 유럽 전체가 싸우는 거람?

당시 유럽 국가는 대부분 왕정 체제였어요. 프랑스 혁명의 불똥이 유럽 전체로 번진다면 언젠가 자신들의 체제도 위험할 거라고 여긴 거죠. 반면에 영국은 의회 민주주의와 입헌군주제라는 자신들 고유의 체제를 지키려고 반프랑스 동맹에 참여했어요. 하지만 프랑스는 강력한 근대 국가로 발전하고 있었고, 불세출의 영웅도 등장해 결코 만만치 않았어요. 여기에서 퀴즈! '전쟁의 신', '전략의 천재'로 불리는 이 영웅은 누구일까요?

정답! 나폴레옹이죠?

맞습니다! 바로 나폴레옹 보나파르트였어요. 당시 프랑스와 국경을 맞대고 있던 국가들은 나폴레옹이 지휘하는 프랑스 육군의 상대가 되지 못했어요. 하지만 바다 건너에 있는 영국만큼은 예외였어요. 프랑스는 해군이 부실했거든요.

그래서 나폴레옹은 영국 본토를 공격하는 대신, 가까운 이집트를 거쳐 영국의 식민지였던 인도를 공격하려는 계획을 세웠답니다. 인도가 프랑스의 손에 들어가면 영국 경제는 엄청난 타격을 입을 테고, 그러면 영국이 전쟁을 계속 이어 나갈 수 없을 테니까요.

곧 나폴레옹은 군대를 이끌고 이집트로 향했어요. 다급해진 영국은 전장에서 오른눈과 오른팔을 잃은 넬슨을 이집트로 보냈지요. 1798년 여름, 나일강에서 나폴레옹의 군대와 마주친 넬슨은 격전 끝에 프랑스 함대를 거의 전멸시켰어요. 넬슨의 완승이었죠. 이 전쟁으로 영국은 인도로 향하는 무역로를 지킬 수 있었어요.

한쪽 눈과 한쪽 팔을 잃고도 갑판 위에서 전투를 지휘하며 바다를 지키는 넬슨의 모습을 상상해 보세요. 가슴 한구석이 뜨거워질 수밖에 없을 거예요.

영웅의 죽음과 영국의 승리

이집트에서 넬슨에게 일격을 당하긴 했지만, 프랑스는 나폴레옹의 활약 덕분에 육지에서는 그 누구보다 승승장구했어요. 나폴레옹은 결국 유럽 대륙을 장악하는 데 성공했고, 1804년엔 프랑스 제국의 황제 자리까지 올랐답니다. 그리고 이 기세를 몰아 눈엣가시 같은 영국 침공을 선언했어요.

프랑스가 영국을 침공하려면 바다를 건너야 하잖아요.
프랑스 해군이 넬슨을 상대할 수 있을까요?

바로 그 점이 나폴레옹에게 가장 큰 고민이었을 거예요. 유럽 대륙의 육지를 지배하는 건 나폴레옹이지만, 유럽의 바다를 장악한 건 넬슨이 지휘하는 영국 해군이었거든요. 프랑스의 육군이 아무리 강하다고 한들 해군이 움직이지 못하면 영국 본토엔 한 발짝도 들어설 수 없을 테니까요. 그래서 나폴레옹은 넬슨의 철통같은 해상 봉쇄를 딱 6시간만 무력화할 수 있다면 영국을 굴복시킬 수 있다고 생각했어요. 어째서일까요?

그 사이에 프랑스가 자랑하는 육군을 영국 땅에
상륙시키겠다는 작전이군요!

맞아요. 영국의 해상 봉쇄를 뚫으려고 스페인 남부 카디스 항구에서 상황을 조심스럽게 살피던 프랑스 해군은 마침내 영국군의 감시가 느슨해진 틈을 타 재빨리 큰 바다로 나왔어요. 그런데 얼마 가지 않아 영국 해군이 그 앞을 막아섰답니다. 넬슨이 타고 있던 빅토리호에는 넬슨의 제독기가 펄럭였지요. 적을 큰 바다로 끌어내려고 한 넬슨의 작전에 프랑스가 딱 걸려든 거예요.

오, 그런데 영국 함대의 배치가 좀 독특한 거 아니에요?

넬슨 제독은 함대를 두 줄로 나란히 세워 적진의 한가운데를 뚫고 들어가는 전략을 썼어요. 일렬로 죽 늘어선 프랑스 함대의 중간을 뚫고 들어가 혼란에 빠뜨리는 거죠!

와! 넬슨의 빅토리호가 선두에 있네! 일단 직진하고 보는 지우랑 비슷한 느낌이야.

영국 함대

프랑스 함대

1805년 10월 새벽, 스페인 남부 트라팔가르 해협에서 엄청난 대포 소리와 함께 영국 해군과 프랑스 해군의 전투가 시작되었어요. 치열한 전투 끝에 넬슨이 이끄는 영국 해군이 압도적인 승리를 거두었지요.

하지만 처음에 이야기했듯 넬슨은 이 전투에서 프랑스군이 쏜 총에 맞아 목숨을 잃고 말아요. 넬슨은 총에 맞은 직후 죽음을 예상했지만, 끝까지 전투를 지휘하다 대승을 거두었다는 소식을 들은 후에야 조용히 눈을 감았다고 해요.

그리고 마지막 순간, 이런 말을 남겼답니다.

66 신에게 감사드린다. 나는 내 의무를 다했노라. 99

트라팔가르 전투를 묘사한 그림.

오, 노량해전의 이순신 장군과 비슷한 것 같아요!
훌륭한 지도자들은 뭔가 공통점이 있다니까!

 맞아. 사람의 마음을 움직이게 하는 뭔가가 있다니까.

　전투가 끝난 후에야 넬슨의 전사 소식을 들은 군인들은 모두 울음을 터뜨렸어요. 엘리자베스 1세가 스페인의 무적함대를 물리친 지 200여 년 만에 다시 큰 위기가 찾아왔지만, 넬슨의 활약으로 영국 해군은 이번에도 자신들의 조국과 바다를 지킬 수 있었어요. 이 전투 이후 영국은 약 100년 동안 전 세계 바다를 지배하게 된답니다. 전 세계 곳곳에 식민지를 건설해 '해가 지지 않는 나라'로 불리는 대영 제국의 시대가 활짝 열린 거예요.

트라팔가르 광장 야경

진정한 애국자란 어떤 사람일까?

넬슨 기념탑을 받치고 있는 이 사자상 4개는 트라팔가르 해전 때 패배한 적의 배에서 나온 대포를 녹여 만든 거라고 해요.

꼭 넬슨을 지키고 있는 것 같아요!

귀엽게 생겼네. 리키랑 닮은 것 같기도 하고.

앞에서도 말했듯이 넬슨은 언제나 전투의 선두에 서서 군대를 지휘했답니다.

그리고 마지막 순간에도 승리만 생각했죠. 넬슨이 '애국자'의 상징과도 같은 인물이 된 건 바로 이런 모습 때문이죠.

대장이 저렇게 앞장서면 따를 수밖에 없지.

흑흑   훌쩍

신에게 감사한다, 나는 내 의무를 다했다.

그렇다면 친구들이 생각하는 애국자는 어떤 사람인가요?

올림픽에서 메달을 딴 사람!

음…. 세금을 잘 내는 사람?

모두 맞는 말입니다. 넬슨에게 애국자란 나라가 부여한 의무를 성실히 수행하는 사람이었나 봐요. 그 의무는 바로 나라를 지키는 것이고요. 넬슨 기념탑을 보고 있으면 이렇게 말하는 것 같죠?

나라를 지키는 건 이제 그대들의 몫이다.

블레넘궁과 윈스턴 처칠

자자, 여기 앞쪽에 잠시 서 볼까요? 여기까지 왔는데 기념으로 사진 하나 남겨야죠. 하나, 둘, 셋, 리키~! 찰칵!

송쌤, 이번엔 왜 다짜고짜 사진부터 찍는 거예요?
원래 설명부터 마구 쏟아내셨잖아요! 수상한걸요?

음, 여기에서 분명히 누군가 태어난 게 틀림없어.
건물을 보니까 엄청 부자인가 봐. 왕족이나 귀족인가?

자, 찍습니다.
하나, 둘, 셋, 리키~♡

찰칵~!

아하하. 다들 눈치가 빠르군요. 그랜드투어 1기 멤버답습니다. 여기는 영국 우드스톡에 있는 **블레넘궁**이라는 대저택입니다. 건물이 왕궁만큼 거대하고 으리으리하죠? 그에 비해 이 주변은 전형적인 영국 시골의 풍경이라고 할 수 있습니다. 푸른 언덕과 숲, 햇빛에 반짝이는 조그만 호수들로 이루어져 있죠. 마음이 편안해지고 잡생각이 저절로 사라지는 느낌이랄까요?

이 동화 같은 풍경 속 웅장한 대저택에서 태어난 사람은 바로 **제2차 세계 대전을 승리로 이끈 지도자, 윈스턴 처칠**입니다. 아, 한 가지 재미있는 사실은 여러분이 사진을 찍을 때 산이가 보여 준 'V자 포즈'를 유행시킨 사람이 바로 윈스턴 처칠이라는 사실이죠!

브이~!

윈스턴 처칠

제2차 세계 대전이 한창일 무렵, 영국의 총리 처칠은 힘겹게 버티고 있는 영국 국민에게 희망과 용기를 불어넣기 위해 손가락으로 승리 (Victory)의 V자를 만들어 보였답니다. 그리고 국민을 향해 늘 이렇게 외쳤죠.

"포기하지 마세요! 절대 포기하지 마세요! 포기하지 않고 싸우면 반드시 이길 수 있습니다!"

헉! V자 포즈를 유행시킨 사람이 그 유명한 처칠이라니!
게다가 V가 승리의 의미였다니!

아무튼 이 블레넘 저택은 영국 역사상 가장 위대한 군인 중한 사람인 말버러 공작 존 처칠의 업적을 기념하려고 지었답니다. 1722년에 완공된 이 저택은 이후 처칠 가문에 하사되었고지금까지 이어지고 있죠. 왕족에 맞먹는 위대한 가문의 후손이자, 아돌프 히틀러에 맞서 불굴의 의지로 자유 민주주의를 지켜 낸 처칠은 영국 국민에게 '가장 위대한 영국인'으로 불리기도합니다. 왜 그런 건지 지금부터 얘기해 보도록 하죠.

믿을 수 없는 말썽꾸러기

친구들이 생각하기에 처칠의 어린 시절은 어땠을 것 같나요?

 이렇게 엄청난 가문에서 태어났으니 어린 시절부터 남달랐을 것 같아요.

 맞아. 그러니까 영국 총리까지 된 거 아니겠어요?

그렇게 생각하는 게 당연하겠죠. 하지만 어린 시절 처칠은 못 말리는 말썽꾸러기이자 낙제생으로 유명했습니다. 학창 시절 그의 생활기록부엔 '품행이 상당히 나쁘고 믿을 수 없는 학생, 의욕과 야심이 없고 다른 학생들과 자주 다투며 지각도 밥 먹듯 하던 학생'이라고 적혀 있을 정도였어요.

처칠이 변하기 시작한 건 샌드허스트 육군사관학교에 진학하면서부터였어요. 역사 과목만큼은 뛰어났던 그는 자신의 조상 말버러 공작처럼 역사적으로 훌륭한 인물의 삶과 행동을 나침반 삼아 자신의 부족한 부분을 조금씩 채워 나갔답니다. 처칠의 이런 노력 덕분에 거의 꼴찌에 가까운 성적으로 입학한 육군사관학교를 우수한 성적으로 졸업했지요.

와, 어렸을 땐 정말 이마에 '말썽꾸러기'라고 써 있는 것 같아.

처칠의 육군사관학교 시절.

처칠의 어린 시절.

오! 이때는 완전히 모범생 같아!

자신과의 치열한 싸움에서 승리한 처칠은 이제 더는 어린 시절의 말썽꾸러기가 아니었답니다. 그는 사관학교를 졸업한 후 이런저런 전쟁에 참가하며 20대에 이미 전쟁 영웅으로 거듭났고, 전쟁터의 소식을 전하는 종군 기자로 맹활약했어요. 또 직접 겪은 전쟁의 참상을 책으로 쓰며 작가로도 널리 이름을 알렸죠. 그가 평생에 걸쳐 쓴 기사와 역사서, 연설문 등은 문학적 가치를 인정받아 노벨 문학상을 수상하기도 해요.

 와, 못하는 게 뭐야? 말썽꾸러기들의 희망이네!

아무튼 처칠은 이런 인기를 바탕으로 26세에 의원으로 당선되며 정치계에 입문했답니다. 이후 그는 해군 장관 자리까지 올랐지만, 제1차 세계 대전 중 작전에 크게 실패하고 여러 차례 당을 바꾸면서 많은 비난을 받기도 했어요. 1929년엔 선거에서 져서 완전히 정치계를 떠났죠. 하지만 히틀러가 등장해 전 유럽이 전쟁의 소용돌이 속으로 빨려 들어가면서 처칠은 영국을 구할 지도자로 급부상하게 된답니다.

 정치 생명이 끝날 것 같았는데 어떻게 다시 돌아오게 됐을까?

"절대 포기하지 마세요"

당시 유럽 각국의 지도자들은 히틀러와 나치 독일의 위험성, 그러니까 전쟁으로 유럽을 지배하고 과거의 영광을 되찾겠다는 시커먼 속내를 제대로 파악하지 못하고 있었어요.

이는 영국도 마찬가지였어요. 하지만 처칠만은 히틀러가 전쟁을 일으킬지도 모르니 대비해야 한다고 주장했는데, 여전히 현실을 파악하지 못한 영국 사람들은 처칠을 전쟁광이라 비난하며 정신 나간 늙은이로 취급했어요.

1939년 9월 1일, 나치 독일이 폴란드를 공격하면서 제2차 세계 대전이 시작되자 처칠의 말이 옳았음이 밝혀졌어요. 그제야 영국의 왕은 처칠을 총리로 임명했답니다. 이미 유럽의 여러 나라가 히틀러 앞에 무릎을 꿇은 절체절명의 위기 순간에 처칠은 영국의 지도자가 된 거예요.

위태로운 상황에서 총리가 된 처칠이 가장 먼저 한 일은 두려움에 빠진 국민에게 용기를 불어넣는 일이었어요. 그는 국민을 향해 이렇게 외쳤답니다.

> 무사 만루의 위기에 구원 투수가 등판한 셈이네!

66 내가 바칠 것은 피와 땀과 눈물, 그리고 수고뿐입니다. 지금 우리 눈앞에는 시련과 고난의 세월이 놓여 있습니다. 우리는 무엇을 해야 할까요? 싸워서 이기는 것입니다. 어떤 대가를 치르더라도, 어떤 공포를 무릅쓰고라도, 그 길이 아무리 멀고 험해도 우리는 승리해야 합니다. 나에게는 승리에 대한 희망과 확신이 있습니다. 이제 여러분에게 요청합니다. 힘을 합쳐 함께 앞으로 나아갑시다! 99

처칠의 강철같이 단단한 의지와 불같이 뜨거운 열정이 국민에게 전해지자 대영 제국의 자부심과 긍지가 다시 깨어났답니다.

밤마다 독일의 전투기가 런던의 하늘을
까맣게 뒤덮었지만 영국은 끝내 항복하
지 않았어요. 그 후 영국은 1년 넘게 외
로이 히틀러와 맞서 싸웠고, 바다 건너
에서 상황을 지켜보고만 있던 미국의
참전을 이끌어 내면서 마침내 제2차 세
계 대전을 끝낼 수 있었지요.

독일과의 전쟁에서 승리한 날 군중을 향해 V자 포즈를 한 처칠.

처칠의 의지가 자유 민주주의를 지켜
낸 거예요. 영국 사람들이 왜 그렇게 처칠을 사랑하는지 이제
알겠죠?

처음에 송쌤이 얘기하신 것처럼 처칠은 정말 포기하지 않는
사람이었네요.

맞습니다. 말썽꾸러기였던 처칠이 위대한 지도자가 될 수 있
었던 것도, 영국이 히틀러에 맞서 끝까지 싸울 수 있었던 것도
결코 포기하지 않는 의지가 있었기 때문이라고 할 수 있죠.

자, 영국 이야기는 이쯤에서 마무리하고요, 다음 나라로 가
기 전에 깜짝 선물 수여식이 있겠습니다! 용감하게 여기까지 따
라온 지우에겐 '엘리자베스의 용기' 배지를, 끝까지 야구공을
포기하지 않은 산이에겐 '처칠의 포기를 모르는 의지' 배지를

달아 드리겠습니다. 근사하죠?

　이제부터 한 나라의 일정이 끝날 때마다 이렇게 배지를 하나
씩 선물로 드릴 텐데요, 배지를 모아 그랜드투어 마스터에 도
전해 보세요. 후후. 자, 그럼 다음 장소로 가 볼까요?

엘리자베스의
용기

 '엘리자베스의 용기'라니, 너무 마음에 들어!

 그랜드투어 마스터가 뭐예요?

처칠의 포기를
모르는 의지

　그건 차차 알려 드리기로 하죠. 저기 리키가 또 문을 만들고
있거든요. 다음 여행지는 어디일까요?

처칠은 명언 자판기

성공은 영원하지 않고,
실패는 끝이 아니다.
중요한 건 굴복하지
않는 용기다.

포기하지 마세요!
절대 포기하지
마세요!

엇!
이건 '중꺽마?'
(중요한 건 꺾이지
않는 마음!)

1941년 영국 해로우
고등학교 졸업식 때의
연설이라고 함.

우리는 끝까지
싸울 것입니다.
우리는 절대로 항복하지
않을 것입니다!

저는 당신에게 숨기는 것이
하나도 없습니다.

1940년 덩케르크 철수 작전 직후
연설 내용 일부. 나치 독일의 위협에
맞서는 영국인의 의지와
용기를 보여주는
말이었어.

제2차 세계 대전 중 처칠이 미국의
참전을 이끌어 내려고 미국을 방문했을
때였어. 미국의 루스벨트 대통령이
처칠의 숙소에 들어갔는데, 막 목욕을
끝낸 처칠은 옷을 입고 있지 않았대.
이를 보고 당황한 루스벨트를
향해 처칠이 한 말이야.
처칠은 유머 감각도
뛰어났던 모양이네!

프랑스

유럽의 중심에 자리한 프랑스는 넓은 평원과 나지막한 구릉이 끝없이 펼쳐지는 풍요로운 땅에서 화려한 문명을 꽃피웠어요. 그런 만큼 프랑스의 수도 파리와 그 주변에는 역사적으로 의미 있는 장소와 건축물이 많답니다. 프랑스를 대표하는 건축물인 베르사유 궁전과 개선문, 에펠 탑과 프랑스 대혁명의 출발점이 된 바스티유를 돌아보며 그곳에서 어떤 일이 있었는지 하나하나 알아볼까요?

프랑스 여행 코스

① 베르사유 궁전

② 바스티유

③ 개선문

④ 에펠 탑

베르사유 궁전과 루이 14세

세상에! 맨홀 구멍에 들어갔다 나왔을 뿐인데 완전히 딴 세상이네!

프랑스 여행 시작!

그러니까 지금 맨홀을 통해 영국에서 프랑스로 넘어온 거란 말이죠? 리키 녀석 대단한데?

여기는 프랑스의 수도 파리에서 남서쪽으로 약 20 km 떨어진 곳에 자리한 **베르사유 궁전**입니다. 베르사유 궁전은 길이만 해도 680 m가 넘고, 궁전 앞 정원은 수백 개에 이르는 분수와 갖가지 조각, 근사하게 다듬어진 나무와 꽃이 완벽한 조화를 이루고 있죠.

사실 베르사유는 원래 왕실 사냥터 별장이 있던 작은 시골 마을이었는데, 프랑스 왕 루이 14세가 이곳에 대궁전을 지으라고 명령했어요. 1661년부터 시작된 공사에 해마다 수만 명에 이르는 많은 노동자와 프랑스 최고의 장인까지 모두 투입되었죠. 이후 프랑스 왕실은 파리 루브르궁에서 이곳으로 거처를 옮겼고, 베르사유 궁전은 프랑스 권력의 중심지가 되었답니다.

정원이 정말 엄청나게 넓죠?

참, 여기서 파리 올림픽 승마와 근대 5종 경기도 열렸잖아요!

와, 정말 끝이 안 보이네!

두리번~

베르사유 궁전의 내부도 매우 화려한데요, 지금 우리가 서 있는 이 방은 베르사유 궁전 안에서도 가장 화려하기로 유명한 **거울의 방**입니다. 궁전 본관 2층의 정면 전체를 차지하는 거울의 방은 길이만 무려 73 m나 되고, 천장에는 루이 14세의 권위를 상징하는 그림이 가득하답니다. 방의 한쪽 면에는 아름다운 정원을 향해 대형 창이 17개 나 있고, 그 반대편에는 같은 수로 대형 거울이 있어요. 커다란 창으로 들어온 햇빛은 거울, 크리스털, 금박으로 된 갖가지 장식에 반사되어 반짝거리는데, 그 모습이 정말 눈이 부실 정도로 휘황찬란하죠?

베르사유 궁전의 거울의 방.

하하. 사방이 거울인 방이라니, 정말 특이하죠? 루이 14세가 베르사유 궁전을 이렇게 화려하게 만든 데는 이유가 있습니다. 바로 왕권을 강화하려는 목적이었죠. 지금부터 그가 어떻게 '태양왕'이라고 불릴 정도로 강력한 권력을 거머쥘 수 있었는지 자세히 알아볼까요?

절대 권력을 향한 루이 14세의 꿈

루이 14세는 무려 태양에 비유될 정도로 신과 버금가는 절대 권력을 누렸지만, 그가 처음 왕의 자리에 올랐을 때는 사정이 달랐어요. 1643년 아버지 루이 13세가 갑자기 죽는 바람에 루이 14세는 고작 다섯 살에 왕이 되었는데, 파리의 귀족들은 이렇게 왕의 권위가 위태로운 틈을 타서 왕권에 도전하는 반란을 일으키기도 했어요. 이를 **프롱드의 난**이라고 해요. 그 과정에서 파리 시민들은 왕실의 침실까지 침입해 어린 루이 14세와 그의 어머니를 협박하기도 했어요. 결국 왕실은 한밤중에 반란 세력을 피해 도망치듯 파리를 빠져나와 약 4년간 프랑스 곳곳을 떠돌아다녀야 했지요.

루이 14세는 이때 겪은 굴욕과 수모를 평생 잊지 못했을 거예요. 어쩌면 그가 성장하면서 왕권을 강화해야겠다고 생각하게 된 건 너무나 당연한 일이겠죠? 성인이 된 루이 14세는 직접 프랑스를 통치하기 시작하면서 모든 질서가 왕을 중심으로 돌아가는

태양왕 루이 14세의 초상화.

세상, 즉 **절대 왕정 수립**이라는 꿈을 이루려고 노력했어요.

루이 14세는 이 꿈을 이루기 위해 엄청나게 많은 일을 혼자 처리했어요. 다른 사람에게 의존하지 않고 홀로 할 수 있다는 걸 보여 줘야 왕의 권위가 살아날 거라고 생각했거든요. 그리고 나라를 통치할 때 왕족이나 귀족 대신 **부르주아** 출신 인물을 중요한 자리에 기용했죠.

음, 부르주아는
어떤 사람들이에요?

부르주아란 중세 유럽에서 중간 계급에 있는 시민을 말해요. 일반적으로 상당한 부를 축적해 경제력은 있지만 지배 계급은 아닌 상인 출신 사람들이 해당하죠. 이렇게 중간 계급 사람들을 중용하면 귀족들은 자연스럽게 권력의 핵심에서 밀려나겠죠?

 아하, 그러면 왕의 힘은 점점 강해지겠네요!

맞아요. 그리고 루이 14세는 자신만의 궁전을 만들어 귀족들을 왕의 권력 아래 길들이겠다는 야심 찬 계획도 실행에 옮긴답니다. 바로 베르사유 궁전을 짓기로 한 거예요.

절대 권력의 상징, 베르사유 궁전

루이 14세는 왜 수도인 파리가 아니라 베르사유에 궁전을 짓기로 한 걸까요? 그건 아마 어린 시절 '프롱드의 난' 때 겪은 일 때문일 거예요. 왕권을 강화하려면 반란을 일으킨 적이 있는 도도한 파리 시민에게서 조금 멀어질 필요성을 느낀 거지요.

직접 나라를 다스리기 시작한 바로 그해에 베르사유 궁전 공사도 시작했고, 오랜 공사 끝에 프랑스 왕실은 이곳으로 완전히 옮겼답니다. 지방 귀족들도 베르사유에 하나둘 정착했죠.

그리고 루이 14세는 자신들의 영지를 떠나 베르사유에 정착한 귀족들을 길들이기 시작했어요. 화려한 베르사유 궁전에 어울리는 극도로 엄격하고 사치스러운 생활 방식을 강요한 거예요. 궁전에서 만찬이나 행사가 있을 때 행동 하나하나에 다 순서가 정해져 있을 정도였죠. 좌석 배치는 물론 입을 옷이나 해야 할 행동까지 엄격하게 정해져 있어서, 베르사유 궁전에 사는 일은 마치 각본에 따라 움직이는 연극과 같았다고 해요. 머리가 아플 정도로 복잡한 궁정 예법 때문에 귀족들은 항상 긴장 상태에서 생활할 수밖에 없었을 거예요. 거의 족쇄나 다름없는 생활이었던 셈이죠.

귀족들은 이렇게 화려하고 엄격한 궁정 예법을 지키느라 재산까지 탕진했어요. 권력에서 멀어진 데다 돈까지 부족해진 귀족들은 왕에게 의존할 수밖에 없었지요. 화려한 궁전 생활에 눈이 먼 귀족들은 왕의 눈에 들려고 서로 경쟁하기도 했죠. 이처럼 상상할 수 없을 정도로 복잡한 예법과 절차는 왕을 우러러보게 하는 효과를 가져왔답니다. 이렇게 베르사유 궁전은 절대 왕정을 상징하는 강력한 왕권의 중심지가 되었어요. 이제 왜 베르사유 궁전이 이렇게 화려하게 지어졌는지 잘 알겠죠? 이 모든 게 절대 왕정을 이루려는 루이 14세의 집념 때문이었던 거예요!

1668년 무렵 베르사유 궁전을 묘사한 그림.

그런데 '태양왕' 루이 14세가 수립한 절대 왕정은 그리 오래 가진 못했어요. 루이 14세 이후의 왕들은 루이 14세와는 달리 궁전 생활의 화려함과 쾌락만 즐겼을 뿐, 왕이라면 마땅히 해야 할 일을 하지 않았기 때문이죠. 왕이 왕의 의무를 포기하는 순간 절대 왕정은 순식간에 무너지기 시작했어요. 그 이야기는 다음 장소에서 하도록 하죠!

루이 14세 의 하루 ✦

당시 왕의 하루는 엄격하게 정해진 일정에 따라 시계처럼 움직였어.
오죽하면 "달력과 시계만 있으면 약 1,500 km 떨어진 곳에서도
루이 14세가 무엇을 하고 있는지 알 수 있다."는 말도 있었다고 해.
왕의 하루는 어땠을까?

• 오후 11시 30분 취침 의식.
기상 의식과 정반대의 순서로!

• 오후 10시
왕실 만찬 참석하기.

왕의 삶이란
너무 피곤해.

왕실 만찬 중

• 오후 6시~7시
국무장관과
함께 서류 작업.

• 오전 8시 30분 기상 의식.

왕을 섬기는 신하가 왕을 깨움.
왕의 건강 상태를 살피는 의사
들이 방문. 궁정의 귀부인들에게
도움을 받아 단장 후 아침 식사.

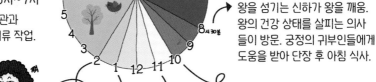

• 오후 2시
정원에서 산책
또는 숲에서
사냥하기.

• 오후 1시
점심 식사.

• 오전 11시
의회를 열어
나랏일을 논의함.

• 오전 10시
'거울의 방'에 모인
신하들과 함께 행진하고,
왕실 예배당 미사 참석.

두번째
여행지

바스티유와 프랑스 대혁명

흠흠. 어떻습니까? 혁명의 냄새가 나는 것 같지 않나요? 여기 프랑스 파리의 **바스티유 광장**입니다. 바로 이 장소에서 프랑스 역사에서 가장 중요한 사건, 인류의 삶에도 큰 영향을 미친 바로 그 사건, **프랑스 대혁명**이 시작되었습니다.

프랑스 대혁명은 파리 시민들이 왕을 끌어내리고 프랑스 역사상 처음으로 공화정을 이룩한 사건입니다. 공화정은 왕이 아닌 여러 사람이 합의하여 나라를 이끌어 가는 정치를 의미하죠. 이 과정에서 '인간은 태어나면서부터 자유로우며 평등한 권리를 가진다.'는 내용이 담긴 「프랑스 인권 선언」이 발표되었어요. 자유와 평등, 재산권 등 자유 민주주의의 이념을 명확히 표현한 이 문서는 프랑스 헌법의 기초가 되었을 뿐만 아니라 다른 여러 나라의 헌법과 인권 선언에도 큰 영향을 끼쳤답니다.

와, 우리의 삶에도 큰 영향을 미친 사건이네요. 그런데 지난 장소에서는 루이 14세가 절대 왕정을 이룩했다고 하셨잖아요. 어쩌다 혁명이 일어난 거예요?

오! 지우 학생, 기억하고 있었군요. 맞습니다. 태양왕 루이 14세가 베르사유 궁전에서 누구도 넘볼 수 없는 절대 권력의 자리에 오른 지 100년도 지나지 않아 기존의 질서가 깨지고 세상이 완전히 바뀌었답니다.

그 이유는 뭘까요? 그럼 프랑스와 유럽뿐만 아니라 인류의 삶을 송두리째 바꿔 버린 프랑스 대혁명 이야기를 이어 가 볼까요?

무능과 탐욕으로 무너진 절대 왕정

프랑스 대혁명은 1789년 7월 14일 파리 시민들이 바스티유 요새를 습격하면서 시작되었어요. 바스티유 요새는 우리가 서 있는 바로 이 장소에 있었는데, 혁명 직후에 철거되어 지금은 지역의 명칭과 그림 등으로만 그 흔적을 확인할 수 있죠.

앞에서도 잠깐 말했지만, 당시 프랑스는 왕실과 귀족의 사치와 연이은 흉년, 계속되는 전쟁 때문에 파산 직전이었어요. 프랑스 사람들은 매일 끼니를 걱정해야 할 정도로 비참한 생활을 이어 가고 있었죠. 하지만 이런 상황에서도 왕실과 귀족들은 베르사유 궁전에서 호화로운 생활을 즐기고 있었어요. 국고가 텅텅 비고 경제난이 심각해지자 프랑스 왕 루이 16세는 세금을 더 걷으려 했답니다. 문제는 당시 프랑스에서 세금을 내야 하는 의무는 제3 신분인 평민에게만 있었다는 점이에요. 왕족과 귀족, 성직자에게는 면세 특권이 있었거든요. 당시 상황을 풍자한 그림을 한번 볼까요?

귀족과 성직자를
등에 업고 있는 사람이
평민이에요.

아우, 저기
올라탄 사람들 표정이
너무 얄미워!

에휴, 너무하네.
화가 날 만해.

이 그림의 아랫부분에는 "이 따위 장난이 곧 끝나기를 희망한다."라고 적혀 있어요. 이미 평민들의 불만이 쌓일 대로 쌓였다는 걸 의미하죠. 하지만 사치와 탐욕에 빠진 특권 계급은 세금을 분담할 생각이 눈곱만큼도 없었답니다. 오히려 자신들의 기득권을 지키기에만 급급했죠. 심지어 이들은 절대 왕정 체제에서 왕에게 빼앗긴 권력을 되찾아오려고 호시탐탐 기회를 노리고 있었어요.

루이 16세의 무능함도 파리 시민들의 분노를 일으키는 데 한 몫했어요. 그는 세금을 공평하게 부담하자는 백성의 요구를 외면했어요. 백성의 어려운 처지엔 공감하지 못하고 특권 계급의 편에 선 거죠. 루이 16세가 귀족에게 둘러싸여 왕의 의무를 내팽개치자 마침내 파리 시민의 분노가 폭발했어요. 시민들은 무기를 챙겨 들고 바스티유 요새로 몰려갔답니다.

바스티유 요새를 습격하는 파리 시민들.

그런데 왜 하필 요새를 공격한 거예요? 베르사유 궁전으로 가지 않고?

바스티유 요새는 원래 외부의 적에게서 파리를 방어하던 곳이었어요. 그런데 시간이 지나면서 왕의 말을 따르지 않는 사람을 가두는 감옥으로 그 용도가 바뀌었죠. 파리 시민들에게 바스티유 요새는 자신들을 지켜 주는 요새가 아니라 자신들을 억압하고 위협하는 절대 왕정의 상징과도 같은 곳이었기 때문에 이곳으로 몰려간 거예요.

바스티유 요새는 눈 깜짝할 사이에 함락되었고 프랑스 대혁명은 이렇게 시작되었답니다. 이후 프랑스 곳곳에서 혁명의 불꽃이 타오르기 시작했어요. 자신들의 힘을 두 눈으로 목격한 파리 시민들은 결국 왕정을 폐지했답니다. 그 과정에서 프랑스 왕 루이 16세와 왕비 마리 앙투아네트를 비롯해 수많은 귀족이 단두대에서 처형당했어요.

그런데 낡은 질서가 무너졌다고 해서 민주주의와 같은 새로운 세상이 바로 시작된 건 아니었어요. 혁명을 주도한 부르주아 출신 지도자 사이에서 서로 죽고 죽이는 권력 투쟁이 일어났거든요.

오만함으로 시작된 공포 정치

혁명을 주도한 지도자들이 앞으로 나라를 어떤 방식으로 다스릴지에 관한 생각이 달랐기 때문이에요. 그들은 헌법이 정한 테두리 안에서 왕이 나라를 이끌어야 한다는 온건파와 국왕을 아예 없애고 공화정으로

아니, 혁명까지 해 놓고 왜 또 싸우는 거야? 진짜 답답하네.

가야 한다는 급진파로 갈라져 싸웠어요. 결국 국왕을 없애야 한다는 급진파가 승리했고, 프랑스 역사상 처음으로 공화정이 탄생했답니다.

급진파의 지도자이자 부르주아 출신인 **로베스피에르**는 루이 16세와는 달리 성실하고 청렴결백한 사람이었어요. 공화정을 탄생시킨 그는 불과 6개월

로베스피에르의 초상화.

만에 혁명에 반대하는 세력을 제압하고 혼란을 수습할 정도로 유능한 사람이기도 했죠. 사람들은 그를 '절대 부패할 수 없는 사람'이라고 부르기도 했어요.

하지만 그는 권력을 잡은 지 1년 만에 몰락하고 말았어요. 무능하지도 않고 탐욕스럽지도 않았던 그가 몰락한 이유는 바로 오만함 때문이었어요. 로베스피에르는 자신만 옳고 정의롭다는 생각에 빠져 있었어요. 그래서 자신의 의견에 반대하는 사람은 모조리 적으로 간주했답니다. 그는 혁명에 방해가 되는 사람을 전부 반역자라는 딱지를 붙여 단두대 위로 올려 보냈어요. 그중에는 함께 혁명을 이끌었던 사람이나 죄 없는 농민과

여성, 심지어 어린아이도 있었어요. 그가 프랑스 혁명 정부를 장악하고 있던 시기에만 무려 1만 5,000명이 넘는 사람이 단두대 위에서 목숨을 잃었다고 해요. 프랑스 사람들에게 로베스피에르는 공포 그 자체였죠.

와! 무시무시하네. 이 정도면 독재자랑 다름없잖아. 그치, 리키야?

이렇게 로베스피에르는 프랑스 내의 혼란을 잠재우고 혁명을 완성하는 데 공포심을 이용했는데, 이를 '공포 정치'라고 해요. 하지만 이런 방식으로는 절대 시민의 지지를 받을 수 없었겠죠? 결국 로베스피에르는 그 대가를 톡톡히 치렀답니다. 몇몇 사람이 용기를 내어 공포 정치에 맞섰고, 로베스피에르 역시 그가 단두대로 보낸 수많은 사람과 마찬가지로 단두대에서 처형되었어요. 자신만 옳다는 오만함이 결국 혁명의 발목을 잡은 셈이죠.

루이 16세와 귀족들이 무능과 탐욕 때문에 자신의 왕국과 특권을 잃었다면 로베스피에르는 오만함 때문에 실패한 거네요.

그나저나 그럼 이제 프랑스는 어떻게 되는 거예요?

프랑스는 또다시 혼란에 빠지게 된답니다. 앞서 얘기한 것처럼 혁명의 불똥이 옮겨 붙을까 두려운 유럽의 왕정 국가들이 연합군을 꾸려 프랑스로 쳐들어왔어요. 게다가 프랑스 내부에서는 혁명에 반대하는 세력이 곳곳에서 반란을 일으켰죠. 안팎으로 혼란스러운 상황에서 등장한 인물이 바로 나폴레옹이었어요. 나폴레옹은 어떻게 이 혼란을 잠재우고 프랑스의 황제 자리에 오를 수 있었을까요? 그 이야기는 다음 장소에서 이어 가 보겠습니다.

이번엔 특별히 지하철을 타고 이동할까요? 바스티유 지하철역에서도 프랑스 대혁명의 흔적을 확인할 수 있거든요.

바스티유 지하철역에는 프랑스 대혁명을 묘사한 벽화가 있습니다.

제3 신분에 속하는 사람이 불평등에 맞서 사슬을 끊고 일어서는 모습인가 봐.

구체제가 무너졌다!

앙시앵 레짐 (AncienRégime)

프랑스어로 '옛날 제도, 구(舊)체제'라는 뜻. 프랑스 대혁명 이전 절대 왕정 시기의 질서를 의미함. 프랑스 대혁명이 가져온 가장 큰 변화는 혁명 이후 이 구체제의 질서가 무너졌다는 것.

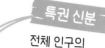
특권 신분
전체 인구의 약 2%, 토지의 40% 소유, 세금 면제. 혁명에 반대하는 세력이 대부분 여기에 속함.

제1 신분
성직자

제2 신분
궁정 귀족, 지방 귀족

제3 신분
평민(시민+농민)

과거 지구인들은 계급 나누길 좋아했던 모양이다. 우리 별에서는 상상도 할 수 없는 일인데.

제3 신분
전체 인구의 98%, 세금 부담, 부를 축적해 생활 수준이 높고, 교육을 받아 일정 수준의 지식을 갖춘 부르주아도 여기에 해당. 프랑스 혁명 세력의 지도자들이 여기에 속함.

개선문과 나폴레옹

바스티유 광장에서 지하철을 타고 정류장 11곳을 지나면 파리를 대표하는 건축물이자 세계에서 유명한 기념물인 개선문이 있습니다. 사진으로 볼 때보다 훨씬 웅장하고 압도적이죠?

개선문을 보니 이제야 파리에 왔다는 게 실감이 나! 나 어때? 파리지엔 같지 않아?

진정해, 진정…. 그런데 도시 한가운데에 왜 커다란 문을 만든 거예요?

개선문은 원래 전쟁에서 이기고 돌아온 군사를 환영하려고 세운 아치 형태의 승전 기념비를 말해요. 전 세계 곳곳에 개선문이 있지만, 그중에서도 특히 유명한 게 파리 한가운데에 있는 이 **에투알 개선문**이죠.

나폴레옹 보나파르트는 1806년 아우스터리츠 전투에서 대승을 거둔 직후 프랑스 군대의 승리를 기념하고, 프랑스 대혁명과 전쟁에서 목숨을 잃은 병사들을 기릴 목적으로 개선문을 만들라고 지시했어요. 말하자면 개선문은 프랑스 역사의 중심이자 프랑스 사람들의 자부심인 셈이죠.

그런데 프랑스 대혁명이 없었다면 지금의 나폴레옹은 존재할 수 없었을 겁니다. 혁명이 낡은 질서를 무너뜨리고 프랑스 사회를 원점으로 돌려놓았기 때문에, 식민지 출신에 가난한 하급 귀족이었던 나폴레옹이 프랑스 역사상 가장 강력하고 가장 넓은 영토를 차지한 지도자가 될 수 있었죠.

물론 나폴레옹의 성공이 그저 시대를 잘 만났기 때문만은 아니에요. 그는 프랑스 대혁명이라는 혼란한 시대 속에서 혁명 정부를 지지하며 '혁명의 수호자'가 되기로 결심했죠. 그리고 누구보다 큰 야망을 품고 성공을 향해 앞으로 뚜벅뚜벅 걸어갔습니다.

파리의 중심 역할을 하는 개선문.

혁명의 수호자 나폴레옹

1796년에 태어나 16세 때부터 군 생활을 하던 나폴레옹의 삶은 20세 무렵부터 급변하게 됩니다. 프랑스 대혁명이 일어난 거예요. 나폴레옹은 인간의 자유와 평등을 주장한 프랑스 사상가 '장 자크 루소'의 영향을 받아 혁명의 열렬한 지지자가 되었어요.

나폴레옹

그는 프랑스 곳곳에서 혁명을 반대하는 세력을 진압하는 데 큰 공을 세워 파리 시민들에게 이름을 알리기 시작했답니다.

하지만 혁명은 쉽게 성공하지 않았어요. 오랜 세월 이어져 내려온 질서를 무너뜨리는 건 결코 쉬운 일이 아니었거든요. 프랑스 내부의 혼란을 수습하는 사이, 프랑스 외부에서도 적이 쳐들어왔어요. 오스트리아와 러시아 등 프랑스 혁명에 반대하는 대부분의 유럽 국가는 혁명의 불길이 자국에 번지는 것을 막으려고 끊임없이 프랑스를 압박했답니다.

위기에 빠진 프랑스를 구한 건 이번에도 나폴레옹이었어요. 그는 적의 예상을 뛰어넘는 빠른 속도로 대규모 병력을 한꺼번에 투입해 단숨에 승부를 결정짓는 대담한 전술을 활용해 승승장구했지요. 포병 부대를 이끌고 겨우 10여 일 만에 알프스산맥을 넘어 오스트리아를 공격해 지금의 이탈리아 북부 지역을 점령하기도 했어요.

결국 프랑스 주변 왕정 국가들은 하나둘 전쟁에서 발을 빼기 시작했고, 프랑스는 마침내 위기에서 벗어날 수 있었어요. 나폴레옹은 프랑스와 혁명 정신을 지켜 낸 구원자가 되었답니다. 나폴레옹의 활약에 프랑스 국민은 크게 환호했고, 1804년 나폴레옹은 프랑스 최초의 황제 자리에 올랐답니다.

와! 나폴레옹의 사전엔 불가능은 없군요!

나폴레옹의 황제 즉위식.

엥? 황제라고? 그럼 프랑스는 다시 왕정으로 돌아간 거예요?

 그러게. 이게 맞아? 그렇다면 혁명은 도대체 왜 한 거야?

　10년간 계속된 반란과 내전 속에서 지칠 대로 지친 프랑스 사람들은 강력한 지도자가 나타나서 이 지긋지긋한 상황을 한 방에 해결해 주길 바랐던 거죠. 그렇다고 해서 프랑스가 혁명 이전으로 돌아간 건 아니에요. 나폴레옹은 권력을 잡은 이후에도 **자유와 평등**이라는 혁명 정신을 이어받아 세상을 바꾸겠다는 원대한 야망을 품고 있었거든요.

　우선 나폴레옹은 평등과 자유, 재산권 인정, 귀족의 특권 폐지와 같은 혁명의 성과를 내용으로 하여 자신의 이름을 딴 법전을 만들었어요. 또 지역마다 제각각이던 도량형과 세금 체계도 통일했죠. 나폴레옹이 점령한 대부분 지역에서도 프랑스 혁명 정신에 따른 개혁이 착착 진행되었답니다. 신분제와 농노제가 폐지되었고, 법 앞에서 모든 사람이 평등하다는 근대 사법 체계가 확산한 거예요. 나폴레옹의 발자취에 따라 혁명의 성과는 법과 제도 형식으로 유럽 전역에 고스란히 뿌리내리기 시작했답니다. 어떤가요? 이 정도면 그래도 프랑스 혁명 정신을 잘 계승했다고 할 수 있겠죠?

탐욕으로 변해 버린 야망

　나폴레옹이 황제가 된 이후에 프랑스 주변 국가들은 또다시 동맹을 결성했어요. 하지만 그 누구도 '전쟁의 신' 나폴레옹이 이끄는 프랑스를 이기진 못했어요. 그런데 천하의 나폴레옹도 굴복시키지 못한 나라가 딱 하나 있었죠?

 허레이쇼 넬슨 제독이 있는 영국이요!

　맞아요. 앞에서 설명했듯 나폴레옹에게는 영국에 맞설 강력한 해군이 없었거든요. 그래서 그 무렵 나폴레옹은 유럽 대륙을 거의 지배하다시피 했지만, 유럽의 바다만큼은 영국의 독무대였죠. 나폴레옹은 눈엣가시 같은 영국을 굴복시키려고 1806년 **대륙 봉쇄령**을 실시했어요. 프랑스를 포함한 유럽 대륙의 모든 나라와 영국 사이에 교역을 완전히 금지한 거예요. 영국을 철저하게 고립시키겠다는 전략이었죠.

　그런데 러시아가 대륙 봉쇄령에 반발하며 영국과 교역을 했고, 이에 1812년, 나폴레옹은 러시아를 응징하려고 직접 군대를 끌고 원정에 나섰어요.

　하지만 먼 원정길과 혹독한 추위에 시달린 나폴레옹 군대는 크게 패하고 말았죠. 러시아 원정 이후 나폴레옹은 급격하게 몰락하고 말아요.

1815년 워털루 전투에서 영국과 프로이센 연합군에게도 패한 나폴레옹은 황제 자리에서 물러나야만 했어요. 그는 아프리카 대륙 남서쪽에 있는 세인트헬레나섬으로 쫓겨났고, 그곳에서 5년 반 동안 감시 속에서 살다가 외롭게 숨을 거뒀답니다.

으앙. 유럽을 지배한 영웅의 마지막 순간이 이렇게 쓸쓸하다니….

그런데 적수가 없던 나폴레옹이 한 번의 패배로 몰락한 게 잘 이해가 안 돼요.

그건 나폴레옹이 러시아 원정에서 패배했기 때문만은 아니에요.

세상을 바꾸겠다는 원대한 야망이 어느새 탐욕으로 변했기 때문이라고 할 수 있죠.

토닥 토닥

파리에 있는 나폴레옹 무덤.

러시아 원정을 떠나기 몇 년 전 나폴레옹은 스페인의 왕 자리를 빼앗아 자신의 형을 그 자리에 앉혔어요. 이에 저항하는 스페인을 평정하느라 전력을 양쪽으로 나누는 바람에 나폴레옹의 군대는 힘이 빠질 수밖에 없었답니다.

　이뿐만 아니라 나폴레옹은 자신에게 불리한 말을 하는 언론을 통제하고 국민을 감시하는 일도 서슴지 않는 등 시간이 지날수록 점점 더 권력에 집착했어요. 이런 탐욕이야말로 나폴레옹이 몰락하게 된 가장 큰 이유가 아닐까요?

　그래도 한 가지 확실한 건 나폴레옹의 야망 덕분에 프랑스는 위기 속에서도 혁명 정신을 지켜 냈고, 자유와 평등이라는 근대 시민 사회의 씨앗을 전 유럽에 퍼뜨렸다는 사실입니다. 마지막까지 야망을 잘 다루었다면 더 좋았겠지만 말이에요.

　자, 이야기를 하다 보니 벌써 다음 장소로 이동할 시간이 되었군요! 다음 장소는 여러분이 기다리고 기다리던 바로 그곳입니다. 개선문 꼭대기에 있는 전망대에서도 보일 정도로 가까우니까 슬슬 걸어서 이동해 볼까요?

소년 소녀들이여, 올바른 야망을 가져라!

평범한 장교 나폴레옹을 프랑스의 영웅으로 만든 원동력은 뭘까요?

강철 같은 체력?

전략?

책임감?

잘생김?

에펠 탑 가는 길

그것은 바로 **야망**입니다!

깡

쫙

청년 나폴레옹은 자유와 평등이라는 혁명 정신을 전 유럽에 퍼뜨리겠다는 원대한 야망을 품었습니다. 그는 혁명이 역사와 인류의 진보라고 확신했어요.

하지만 그의 야망은 권력과 탐욕이 가리키는 쪽으로 방향을 틀었고, 결국 몰락했죠.

그새 인상도 좀 변한 것 같아…

나폴레옹의 삶은 이렇게 말하는 듯합니다.

소년 소녀들이여, 원대한 야망을 가져라! 올바른 방향으로!

오호! 나 꿀벌스 에이스 홍지우의 야망은 동네 야구 리그 우승이다!

오! 지우에게 '나폴레옹의 야망' 배지를 드리겠습니다!

홍드블

일단 1승부터….

하하. 여러분이 이렇게 기뻐하는 모습을 보니 저도 매우 기분이 좋습니다. 파리까지 왔는데 **에펠 탑**을 빼놓고 이야기할 순 없겠죠? 센강 서쪽 강변에 자리한 에펠 탑은 '파리' 하면 누구나 가장 먼저 떠올리는 건축물입니다. 세계에서 가장 유명하고 아름다운 건축물 중 하나로 손꼽히는 에펠 탑은 **철**을 사용해 얼마나 섬세하고 아름다운 건축물을 지을 수 있는지 보여 주는 걸작이기도 하죠.

어둠이 내리면 에펠 탑은 또 다른 멋진 모습으로 변신한답니다. 2만 개에 이르는 전구에 불이 들어오거든요. 노란 불빛으로 물든 에펠 탑을 보면 왜 파리를 '낭만의 도시'라고 부르는지 알 수 있을 거예요. 이따가 해 질 무렵에 함께 구경하기로 하죠.

 우아, 얼마나 예쁠까! 근데 송쌤, 에펠 탑은 왜 만든 거예요?

에펠 탑은 지금부터 130여 년 전인 1889년, 프랑스 대혁명 100주년에 맞춰 개최된 '파리 만국 박람회'를 기념하려고 건설된 기념물이에요. 만국 박람회는 각 나라의 문화와 기술의 발전 등을 한자리에서 전시하고 교류하는 전시회의 일종인데, 요즘은 '엑스포'라고 부르죠.

아무튼 이 거대한 철골 구조물을 만드는 데 금속 부품, 쇠못과 같은 철이 모두 7,300여 톤이나 사용되었고, 완공까지는 꼬박 2년 2개월이 걸렸답니다. 재미있는 사실은 에펠 탑이 처음 만들어졌을 땐 엄청난 비난과 반대 목소리가 쏟아졌다는 거예요. 파리 시민들은 에펠 탑을 '흉물스러운 고철 덩어리', '파리의 수치'라고 부르기도 했어요.

엥? 말도 안 돼!
파리의 상징이 아니라
파리의 수치라니. 에펠 탑아,
귀 막아! 듣지 마!

지금은 파리 시민은 물론 전 세계 사람의 사랑을 듬뿍 받는 아름다운 에펠 탑이 당시에는 왜 이런 소리를 들었을까요? 지금부터 그 이야기를 해 볼게요.

철로 건물을 만든다고?

19세기 중반 이후 유럽의 강대국 사이에서는 '만국 박람회'가 엄청난 유행이었답니다. 당시 유럽의 강대국에서는 산업 혁명과 식민지 획득으로 이룩한 문화적·기술적 진보와 부를 뽐내려고 앞다투어 만국 박람회를 개최한 것이죠.

그중에서도 영국과 프랑스의 경쟁이 아주 치열했는데, 아무래도 산업 혁명의 발상지였던 영국이 한 발짝 앞서나가고 있었어요.

영국은 1851년 세계 최초로 만국 박람회를 개최하면서 '수정궁'이라고 불리는 주 전시관 건물을 공개했어요. 돌과 나무 대신 유리와 철로만 만든 거대

수정궁

한 전시관이었죠. 이곳이 당시 유럽 사람들에게 엄청난 인기를 끌었답니다.

프랑스는 대혁명 100주년에 맞춰 개최하기로 한 '파리 만국 박람회'에서 영국의 콧대를 꺾고 싶었어요. 그러려면 수정궁의 명성을 뛰어넘을 만한 '한 방'이 필요했죠. 프랑스 정부는 오랜 고민 끝에 높이 300 m에 이르는 거대한 철탑을 세우기로 하고 공모전을 열었어요. 무려 300 m라니! 당시로서는 엄청난 도전이었답니다. 그때까지만 해도 인간이 만든 가장 높은 구조물은 미국의 '워싱턴 기념탑'이었어요. 그 높이는 169 m에 불과했죠.

이 공모전에서 최종적으로 채택된 것이 바로 프랑스의 건축가 **구스타브 에펠**의 설계안이었어요.

앗, 에펠 탑이 건축가의 이름에서 따온 것이구나!

에펠은 유럽에서 명성이 자자한 건축가였어요. 유럽 각지에서 대규모 철교 공사를 이끌며 최고의 교량 설계자로 평가받고 있었기에, 철을 다루는 데는 세계 최고라고 할 만했죠.

하지만 철로 높이가 300 m나 되는 탑을 만들 수 있을 거라고 믿는 사람은 많지

구스타브 에펠

않았어요. 19세기 무렵 파리에서는 철로 만든 건축물을 거의 찾아볼 수 없었거든요. 당시 건축물의 주재료는 돌과 나무였답니다. 그러자 여기저기에서 의문의 목소리가 터져 나왔어요.

"철로만 그렇게 높은 탑을 만드는 게 가능해?"

심지어 에펠 탑이 외부의 힘을 견디지 못해 무너질 것이라고 예측한 건축가와 기술자도 있었어요. 하지만 수십 년 동안 철을 다루며 건설 현장을 뛰어다닌 에펠은 자신감이 넘쳤어요. 에펠은 이제 곧 돌을 재료로 하는 건축 시대가 저물고 철을

재료로 하는 건축 시대가 올 거라고 확신했답니다. 그는 철이 야말로 가장 높은 건물을 지을 수 있는 최고의 재료라는 걸 알고 있었던 것이죠.

파리의 상징이자 도전 정신의 상징

에펠 탑 공사가 시작되고 철로 된 아치 모양 다리가 서서히 모습을 드러내기 시작하자 파리 시민들은 또 한 번 술렁이기 시작했어요. 실현 가능성에 대한 의문 외에 에펠 탑의 예술적인 부분에 관해서도 논란이 끊이지 않았죠. 특히 프랑스를 대표하는 예술가와 지식인들은 매끄럽고 차가운 철을 겉으로 드러내는 걸 견디지 못했어요. 그들은 프랑스 수도 한복판에 '쓸모없고 흉물스러운 탑'이 설치되는 것에 크게 분노했고, 한 신문에 '예술가의 항의'라는 글을 싣기도 했답니다.

반 **대** 우리 예술가들은 불필요하고 끔찍하게 큰 에펠 탑을 우리의 수도 한복판에 건설하는 것을 반대합니다. (…) 에펠 탑이 파리의 수치라는 사실은 의심할 여지가 없습니다.

벽돌로 채워지길
기다리는 뼈대.

깡마른 철 사다리로 된
피라미드.

참으로
비극적인 가로등.

공사 중인
에펠 탑의 모습.

그만, 그만!

정말 비난이 엄청났죠? 에펠 탑은 온갖 반대에도 불구하고 1889년 파리 만국 박람회 직전에 완성되었어요. 높이는 원래 계획대로 300 m였고요. 결과는 대성공이었어요. 파리 만국 박람회 기간에만 무려 200만 명이 에펠 탑을 보려고 방문했거든요. 그동안 비난을 퍼부었던 예술가들도 완성된 에펠 탑을 보고는 아낌없는 찬사를 보냈어요. 파리 시민들은 세상에서 가장 높고 아름다운 탑에 큰 자부심을 느꼈어요. 이렇게 에펠 탑은 파리의 경관을 해치는 흉물에서 파리를 대표하는 눈부신 상징물이 되었답니다. 사람들은 구스타브 에펠을 '철의 마술사'라고 불렀지요.

지금도 에펠 탑을 보려고 해마다 700만 명이 넘는 사람이 파리를 방문한답니다. 왜 이렇게 많은 사람이 에펠 탑을 보려고 이곳을 찾아올까요? 에펠이 확신한 것처럼, 에펠 탑이 대성공을 거둔 이후 '철의 시대'가 활짝 열렸거든요. 에펠의 물러서지 않는 도전 정신이 있었기에 가능한 일이지요. 그런 의미에서 에펠 탑은 '파리의 상징'인 동시에 끊임없이 앞으로 나아가고자 하는 '인류 도전 정신의 상징'이라고 할 수 있어요.

어때요? 원래도 아름다웠던 에펠 탑이 더 근사해 보이죠? 프랑스 여행은 여기에서 마무리합니다.

자, 다음 여행지는 이탈리아예요. 이번 그랜드투어의 마지막 여행지이기도 하죠. 이탈리아에는 또 어떤 재미있는 이야기가 기다리고 있을까요? 엄청 기대되죠? 자, 그럼 다음 장소로 가 봅시다. 아니, 그런데 리키가 어디 있지?

송쌤의 리더스 가이드

역사는 도전하는 자의 것!

이탈리아

　이번 그랜드투어에서 마지막으로 여행할 나라는 로마 문명과 르네상스의 고향 이탈리아입니다. 이탈리아반도 중간에 자리한 작은 도시 국가였던 로마는 어떻게 유럽, 아시아, 아프리카 세 대륙에 걸친 거대한 제국을 건설했을까요? 그리고 이탈리아의 부유한 상업 도시 피렌체에서는 어떻게 르네상스라는 문화의 황금시대를 꽃피웠을까요?

이탈리아 여행 코스

① 포로 로마노

② 콜로세움

③ 메디치 예배당

④

성 베드로 대성당

여기는 이탈리아 수도 로마에 있는 **포로 로마노**라고 하는 유적지입니다. 우리말로는 '로마인의 광장'이라는 의미죠. 2,000여 년 전에 이곳은 고대 로마인의 생활 중심지였어요. 로마 시민들은 이 직사각형 모양 광장을 중심으로 정치, 종교, 상업 등 다양한 활동을 하며 서로 교류했답니다.

포로 로마노 유적 한가운데에 **율리우스 카이사르**의 신전이 있습니다. 사실 말이 신전이지 이곳 역시 허물어진 돌무덤에 나무 지붕을 씌워 놓았을 뿐이에요. 그런데 여기 좀 보세요. 이 신전 터엔 이렇게 꽃다발이 놓여 있는 경우가 많답니다.

율리우스 카이사르의 신전.

카이사르가 죽은 지 2,000년이나 지났는데 왜 사람들은 여전히 카이사르의 신전에 꽃을 바칠까요?

아주 훌륭하고 유명한 사람이어서 그런 거 아닐까요?

카이사르 황제가 그렇게 유명해? 어디서 많이 들어 본 이름 같긴 한데…

맞아요. 카이사르는 로마 공화정 말기의 정치가이자 장군인데, 서양사에서 매우 훌륭한 지도자로 손꼽히는 인물이랍니다. 후대의 통치자들은 황제 칭호에 '카이사르'라는 이름을 넣을 정도로 그를 존경했어요. 독일어의 '카이저', 러시아어의 '차르'처럼 카이사르라는 이름은 각국에서 다르게 발음되는데 모두 '황제'를 뜻하는 단어일 정도예요. 이 정도면 서양사에서 카이사르의 위상이 얼마나 높은지 가늠할 수 있겠죠?

지금부터 카이사르가 어떻게 로마의 변화를 이끌어 대제국의 기초를 쌓았는지, 그리고 왜 여전히 많은 사람이 그를 위대한 지도자라고 생각하는지 알아보도록 하죠!

카이사르 동상

로마는 변화가 필요해!

카이사르는 지금부터 2,100여 년 전 로마의 유서 깊은 귀족 가문에서 태어났어요. 그 무렵 작은 도시 국가에서 출발한 로마는 이탈리아반도를 통일하고 지중해까지 손에 넣으며 거대한 제국으로 성장하고 있었지요.

하지만 겉으로 보기와는 달리 로마의 내부를 자세히 들여다 보면 문제가 많았어요. 무거운 세금을 떠안게 되자 정복지 곳곳에서 불만이 터져 나왔고, 가혹한 노동에 시달린 노예들은 끊임없이 반란을 일으키고 있었거든요. 평민들은 오랜 전쟁으로 빈털터리가 되는 경우도 많았어요. 정복 전쟁으로 얻은 막대한 부와 권력을 일부 귀족만 누리고 있었던 거예요. 이처럼 로마와 정복지, 소수인 귀족과 다수인 평민 사이에 갈등은 점점 커지고 있었답니다.

이런 상황에서도 카이사르는 로마 사람들의 지지를 한 몸에 받고 있었어요. 말하자면 '로마의 슈퍼스타'였던 셈이죠. 그는 귀족 출신인데도 평민의 편에 서서 그들의 목소리에 귀를 기울이는 정치가였거든요. 카이사르는 로마를 개혁하려고 당대 최고의 장군 폼페이우스와 로마 최고의 부자 크라수스와 손을 잡았어요. 로마의 권력을 움켜쥐고 있는 귀족들에 맞서려면 군대와 돈이 필요하다는 걸 잘 알았던 거예요.

오, 인기와 군대와 돈! 세 가지가 한곳에 모였네요.

그렇습니다. 이렇게 세 사람이 힘을 모아 로마를 다스리는 정치 형태를 **삼두 정치**라고 해요. 권력을 잡은 카이사르는 평민을 위한 개혁 정책을 펼쳐 민중에게 큰 인기를 끌었어요. 또 그는 빨간 망토를 두르고 직접 전쟁터로 나가 지금의 프랑스와 벨기에에 해당하는 갈리아 지역을 정복하기도 했어요. 삼두 정치 체제에서 카이사르의 명성은 날이 갈수록 높아졌답니다.

카이사르가 승승장구할수록 귀족들은 그를 더욱 경계했어요. 카이사르가 로마의 권력을 독차지할까 봐 두려워했던 거예요. 때마침 삼두 정치의 한 축인 크라수스가 전쟁 중에 사망하자 귀족들은 카이사르 몰래 폼페이우스에게 접근했어요. 크라수스가 죽고 없으니, 폼페이우스가 귀족들 편에 선다면 카이사르는 완전히 외톨이가 되는 상황이었기 때문이죠.

카이사르의 성공에 질투를 느낀 폼페이우스는 결국 귀족들의 손을 잡고 말았어요. 힘을 얻은 귀족들은 카이사르에게 이런 명령을 내렸지요.

"군대를 모두 해산하고 로마로 돌아오라!"

과연 카이사르는 어떤 선택을 했을까요?

"주사위는 던져졌다!"

카이사르 입장에서는 이 명령을 거역하면 반역이 되고, 따르자니 무방비 상태로 불속에 뛰어드는 것이나 다름없었어요. 선택의 갈림길에서 카이사르는 주저 없이 군대와 함께 가는 길을 택했답니다. 귀족 중심인 공화정 체제로는 더는 거대한 로마 제국을 이끌 수 없다고 판단했기 때문이지요.

카이사르는 갈리아와 로마의 경계를 이루는 루비콘강 앞에서 이렇게 외치며 군대와 함께 로마로 진격했어요.

"주사위는 던져졌다!"

변화를 통해 로마를 성장시키겠다는 카이사르의 의지가 엿보이는 말이죠?

 저도 이 말을 들어 본 적 있어요!
돌이킬 수 없는 선택을 했다는 의미죠?

딩동댕! 지우의 설명이 정확합니다. 아무튼 카이사르가 군대를 이끌고 로마로 향하자 로마의 귀족들과 폼페이우스는 크게 당황해 싸움 한번 제대로 해 보지 못하고 로마 외곽으로 도망쳤어요. 이로써 카이사르는 마침내 로마의 유일한 통치자가 되었답니다.

카이사르는 곧바로 로마를 변화시킬 여러 가지 개혁 사업을 하나하나 추진했어요. 그는 우선 당시 로마가 지배하고 있던 각 나라의 생활 양식을 통합하려고 달력을 개정했어요. 이 달력은 카이사르의 이름을 따서 '율리우스력'이라 불렀지요.

이 외에도 카이사르는 화폐를 개혁하고 다양한 식민지 정책을 실시해 '공화정 로마'의 통치 체제를 '제국 로마'에 걸맞게 뜯어고쳤어요. 이런 개혁들은 로마가 도시 국가 체제에서 벗어나

진정한 대제국으로 성장하는 발판이 되었답니다.

 그럼 이제 카이사르가 황제가 된 거예요?

안타깝게도 카이사르는 황제가 되지는 못했어요. 기원전 44년 3월, 카이사르는 공화정을 지키려 하던 몇몇 귀족에게 암살당하고 말았거든요.

하지만 카이사르가 암살된 이후에도 역사는 귀족들의 뜻대로 흘러가지 않았어요. 카이사르가 암살당하자 그를 지지하던 민중이 크게 분노했고, 공화정도 제 기능을 하지 못했기 때문이에요. 결국 혼란을 틈타 '옥타비아누스'라는 인물이 권력을 장악해 로마 제국의 첫 번째 황제가 되었어요.

귀족들에게 암살당하는 카이사르.

옥타비아누스는 카이사르가 생전에 자신의 후계자로 지목했던 인물이었답니다. 이로써 로마에서 공화정 시대가 막을 내리고 황제가 나라를 통치하는 **제정 시대**가 시작되었어요. 이후 로마 제국에는 평화가 찾아왔고 200여 년간 전에 없던 번영을 누렸죠.

카이사르의 유해는 카이사르 신전이 있는 포로 로마노에서 화장되었어요. 그런데 때마침 비가 내려서 재가 씻겨 나가는 바람에 카이사르는 무덤이 없고 이렇게 신전만 남아 있죠. 하지만 그가 인류 역사에 지울 수 없는 이름을 남겼다는 건 변하지 않는 사실이랍니다.

자, 이제 콜로세움으로 자리를 옮겨서 로마 이야기를 이어 가 볼까요?

시대를 꿰뚫어 보는
통찰력 기르기!

송쌤, 그런데 로마가 공화정에서 제정으로 바뀐 게 정말 잘된 일이에요?

나도 그게 좀 헷갈리긴 해.

지금 기준으로 보면 '역사적 후퇴'라고 생각할 수도 있지만 시대와 상황을 고려하면 꼭 그렇지만은 않아요.

카이사르는 로마 공화정으로 다스리기에는 영토가 너무 넓어 공화정 대신 황제 체제를 대안으로 내놓은 겁니다. 그렇죠?

카이사르 시기 로마 영토

제법인데?

카이사르는 그걸 어떻게 알았을까요?

그러게.

그건 바로 통찰력 덕분입니다!

현실을 외면하지 않고 있는 그대로 바라볼 수 있는 사람만 세상의 변화에 올바르게 대처할 능력을 기를 수 있답니다.

콜로세움과 베스파시아누스 황제

우와! 엔터테인먼트 시설이라고 하면 영화관이나 경기장 같은 곳인가요? 콜로세움을 보니 마치 로마 시대로 시간 여행을 온 것만 같아요!

로마 최대의 엔터테인먼트 시설, 콜로세움에 오신 걸 걸 환영합니다!

정말이네! 리키야, 너 시간 여행하는 능력은 없니?

포로 로마노에서 '신성한 길'이라고 불리는 중심 대로를 따라가다 보면 거대한 **콜로세움**이 모습을 드러낸답니다. 무려 2,000여 년 전에 5만 명이 넘는 관객을 수용하는 커다란 원형 경기장을 만들었다는 게 정말 놀랍죠?

서기 72년에 공사를 시작해 8년 만에 완공된 콜로세움은 높이 48 m, 둘레 545 m에 달해요. 외부에는 그리스–로마 시대를 대표하는 세 가지 양식으로 된 기둥이 늘어서 있어 웅장함을 더하죠. 지하 공간에는 수동 엘리베이터가 설치되어 있었고, 천장에는 햇빛을 가리는 차양 시설까지 있었답니다. 콜로세움은 로마 제국의 최첨단 공공 놀이 시설이자 로마 시민을 위한 최고의 복지 시설이라고 할 수 있죠.

콜로세움의 내부는 이렇게 생겼어요. 커다란 원형 모양이죠. 로마 시민들은 이곳에 둘러앉아 공연을 관람하며 문화생활을 즐겼답니다.

마치 콘서트장 같아요! 근사하다!

여기에선 어떤 공연이 열린 거예요?

콜로세움에서는 다양한 볼거리가 제공됐는데, 그중에서 가장 대표적인 것이 바로 '검투사 시합'이었어요. 엔터테인먼트라고 하기에는 너무나 잔인한 경기였지만, 로마 시민들은 검투사 시합이라는 로마 최고의 인기 스포츠를 보며 환호했어요.

죽음의 경기를 즐겼던 로마인에게 거부감을 느끼는 건 어찌 보면 당연합니다. 지금 상식으로는 절대 이해할 수 없고 있어서도 안 되는 일이죠. 어떤 사람은 로마 제국이 멸망한 원인을 콜로세움에서 찾기도 해요. 잔인함과 폭력에 물든 로마 시민의 도덕적 타락이 로마의 멸망을 재촉했다는 거예요.

물론 어느 정도 원인이 되었다고 볼 수도 있지만 그게 전부는 아니었답니다. 최소한 콜로세움이 지어질 당시에는 말이죠. 실제로 콜로세움을 만든 이후 로마 제국은 '팍스 로마나'라고 불리는 번영과 평화의 시대로 접어들었어요. 그러니까 콜로세움은 로마 사람의 잔인함과 야만성을 보여 주는 장소이기도 하지만, 로마를 역사상 가장 위대한 제국으로 끌어올린 성공 비결이 담겨 있는 곳이기도 하죠. 지금부터 그 비결이 뭔지 함께 알아볼까요?

로마 사회의 노예들

콜로세움에서 매일 목숨을 걸고 싸우던 검투사들은 대부분 노예 출신이었어요. 이들은 로마 사람들에게 즐거움을 주느라 동료나 친구, 때로는 맹수와 싸우며 삶과 죽음의 경계에서 하루하루를 보냈답니다.

사실 로마 제국은 노예로 유지되었다고 해도 틀린 말이 아닐 정도로 노예들이 로마 사회 곳곳에서 다양한 역할을 했어요. 그들은 농장이나 가정에서 단순노동을 하기도 했지만 가정교사나 상인, 의료 등 전문 분야에서 활동하기도 했답니다. 검투사는 격투 분야의 전문직 노예라고 할 수 있죠. 로마 사회에 이렇게 노예가 넘쳐 났던 건 정복 전쟁을 하면서 끊임없이 노예를 공급받았기 때문이에요. 이 무렵 로마 전체 인구의 약 4분의 1이 노예였다고 하니 정말 엄청나죠?

로마 시대의 검투사를 묘사한 그림이에요.

그런데 로마의 노예 인구가 그렇게나 많았다면, 노예들이 함께 뭉쳐서 들고 일어나서 자유를 찾을 수 있지 않았을까요?

매일 목숨을 걸고 싸워야 했다니…. 로마의 노예들이 너무 불쌍해요.

맞습니다. 충분히 그런 궁금증이 생길 만하죠. 그런데 이상하게도 로마에서는 대규모 노예 반란이 많이 일어나지 않았답니다. 그 이유는 당시 로마 사회의 '유연성' 때문이었어요.

누가 뭐라고 해도 자유를 빼앗긴 노예의 삶은 비참하고 고통스러웠을 거예요. 하지만 로마의 노예에게는 한 가지 다른 점이 있었는데요, 바로 자신의 능력에 따라 언제든지 노예 신분에서 해방될 수 있었다는 점이에요. 이를 '해방 노예'라고 부르죠. 심지어 해방 노예는 능력과 돈만 있으면 로마 시민이 될 수도 있었어요. 검투사들 역시 마찬가지였죠. 한마디로 말해 로마는 계층 간의 이동이 보장된 사회였던 거예요.

아! 그래서 반란이 많이 일어나지 않았구나.

노예들에게 숨 쉴 구멍을 만들어 준 거네. 흥! 왠지 더 얄미운걸?

이런 계층 이동은 노예뿐만 아니라 로마 사회를 구성하는 전 계층, 전 지역 사람에게 모두 해당하는 일이었어요. 능력만 있으면 노예도 로마 시민이 될 수 있고, 일반 시민도 귀족이 될 수 있었던 거죠. 그리고 이런 로마 사회의 유연성을 상징하는 인물이 바로 콜로세움을 세운 베스파시아누스 황제였답니다.

시민에게 바치는 감사 선물

베스파시아누스황제의 흉상.

　　베스파시아누스는 이전 황제들과는 출신부터 달랐어요. 그는 로마 제국의 첫 번째 황제였던 아우구스투스의 핏줄도 아니고, 귀족 출신도 아니었어요. 그는 로마 근교의 평범한 중간 계층 출신인 '보통 사람'이었답니다.

　　출신 배경이 그다지 좋지 않은 베스파시아누스가 로마의 황제 자리에까지 오를 수 있었던 건 무엇보다 그의 능력이 뛰어났기 때문이에요. 그는 어려서부터 로마 제국 전역을 돌아다니며 군인으로 복무했고, 지금의 영국에 해당하는 브리타니아를 정복하면서 자신의 능력을 유감없이 발휘했어요. 그는 차근차근 단계를 밟아 여러 관직에 올랐고, 68년 네로 황제가 갑자기 사망하자 군대의 지지를 얻어 황제 자리에 올랐지요. **로마 최초의 평민 출신 황제**가 탄생한 거예요.

평민 출신이 황제가 될 수 있다니, 정말 놀라워요!

더 놀라운 건 로마 귀족과 시민의 반응이었답니다. 이전 황제들과는 달리 평민 출신 인물이 황제가 되었다고 하면 색안경을 쓰고 바라볼 수도 있었을 텐데, 놀랍게도 로마 사람들은 박수와 환호로 베스파시아누스 황제를 맞이했어요. 그가 군대를 장악한 사람이라서 그런 것만은 아니었어요. 로마 시민들의 머릿속에는 '실력만 있다면 출신과 상관없이 누구든 성공할 수 있다'는 인식이 바탕에 자리 잡고 있었기에 가능한 일이었던 거죠. 로마는 계층 사이의 이동이 당연하게 생각될 정도로 유연한 사회였어요. 비슷한 시대의 다른 문명과 비교하면 무척이나 파격적이죠?

베스파시아누스가 황제가 된 이후에는 신분이 낮아도 능력이 뛰어나면 지배 계급이 되는 사람이 더 많았어요. 그중에는 훗날 로마 제국의 황금기를 연 트라야누스 황제의 아버지도 있었어요. 그는 당시 로마 제국의 정복지였던 스페인 출신이죠.

계층 간의 이동이 보장된 로마 사회의 유연성 덕분에 황제가 될 수 있었던 베스파시아누스 황제는 자신을 황제로 인정해 준 로마 시민에게 감사하는 뜻으로 콜로세움을 지어 바쳤답니다. 그러니까 콜로세움은 로마 제국의 **유연성**이 낳은 결과물이라고 할 수 있어요.

친구들이 콜로세움을 보면서 기억해야 할 것은 바로 1,200년 동안 이어 온 위대한 제국의 성공 비결인 '유연성'이에요. 신분 사회인데도 유연성이 있었기 때문에 로마는 오랜 세월 계층 간의 갈등을 좀 더 쉽게 해소할 수 있었고, 제국 전체를 하나로 묶을 수 있었던 겁니다.

 설명을 듣고 나니 콜로세움이 조금 달리 보이는데요?

 저도요! 물론 검투사 시합을 즐겼던 로마 사람들은 여전히 이해할 수 없지만요. 흥!

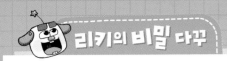

콜로세움 의 진짜 모습

콜로세움이 처음 만들어졌을 땐 어떤 모습이었을까?
지구별 그랜드투어를 하면서 모은 자료를
바탕으로 콜로세움의 모습을 복원해 보았어.

햇빛을 가리는
차양 시설.

세 가지 양식 기둥

코린트 양식

이오니아 양식

도리스 양식

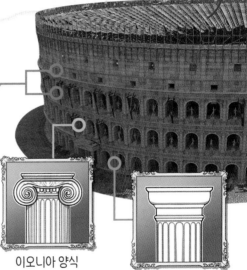

신분이 낮은
사람일수록
위쪽.

좌석은 로마 사회의 계급에 따라 엄격히
구분되었다고 해. 황제의 자리는 따로 있었고
(가장 잘 보이는 자리!), 신분이 아주
높은 귀족도 지정석에 앉았어.

신분이 높은 사람은
경기장과 가까운 아래쪽.

메디치 예배당과 메디치 가문

피렌체에 왔으니 르네상스 이야기를 빼놓을 수 없죠! 친구들은 **르네상스**라는 말을 들어 본 적 있나요?

르네상스는 '**다시 태어나다**'라는 뜻을 가진 라틴어에서 유래된 말이에요. 재생, 부활이라는 뜻을 담고 있죠. 그렇다면 무엇을 재생하고 부활시킨다는 의미일까요? 바로 인간의 개성과 풍부한 감정 표현이 흘러넘치던 그리스-로마 시대의 문화를 되살리자는 말이에요.

로마 제국이 멸망한 이후 약 1,000년 동안 중세 유럽은 '신의 시대'가 이어졌어요. 교회가 사람들의 세계관을 지배하면서 사람들은 정치, 문화, 예술 학문 등 모든 분야에서 신을 중심으로 생각했답니다. 그렇다 보니 인간의 개성과 창의성이 자유롭게 표현되지 못했고, 학문을 연구하거나 예술가들이 활동하는 데도 제약이 많았어요. 하지만 14세기 무렵, 이탈리아 사람들은 이런 생각을 하기 시작했지요.

" 왜 모든 것을 신 중심으로만 생각해야 하지?
인간을 중심으로 세상을 바라보면 안 될까? "

르네상스는 바로 이런 생각에서 출발한 '문화 부흥 운동'이었어요. 그러니까 신 중심 세계관에서 벗어나 인간의 개성을 존중하고 자연의 아름다움을 추구하는 새로운 문화를 만들자는 움직임인 거예요. 그 본보기가 되는 것이 문화의 절정기였던 그리스–로마 시대예요. 이탈리아에서 시작된 르네상스는 미술, 문학, 건축 등 여러 방면에 걸쳐 두루 일어났고 유럽 전 지역으로 퍼져 나갔죠.

 그런데 왜 이탈리아에서 먼저 시작된 거예요?

오, 좋은 질문입니다! 바로 그 이야기를 하려고 피렌체에 왔거든요. 르네상스는 이탈리아에서도 바로 이곳 피렌체에서 가장 먼저 시작되었어요. 그 이유는 피렌체에 르네상스라는 유럽 문화의 황금기를 만들어 낸 '위대한 부자'가 있었기 때문이죠. 바로 메디치 가문이랍니다.

피렌체 전경

문화 예술 후원에 진심인 가문

르네상스의 발상지답게 피렌체에서는 어
딜 가나 르네상스 시대에 활동한 수많은 예
술가의 숨결을 느낄 수 있답니다. 르네상스
시대에 만들어진 아름다운 궁전과 성당이 도
시 곳곳에 자리 잡고 있고, 박물관에는 수많

피렌체 곳곳에서
볼 수 있는
메디치 가문의 문장.

은 예술가의 아름다운 작품이 가득하죠. 피렌체는 도시 전체가
예술 작품이라고 할 수 있어요. 이렇게 피렌체가 예술의 도시
가 될 수 있었던 건 메디치 가문의 '돈' 덕분이랍니다.

14세기 무렵, 메디치 가문은 금융업을 중심으로 막대한 부를
쌓았고, 이를 바탕으로 권력까지 장악하며 피렌체의 실질적인
지배자가 되었어요. 메디치 가문은 피렌체 시민에게 평판도 꽤
좋았어요. 그 이유는 그 누구보다 돈을 '잘' 썼기 때문이죠.

엥? 돈을 펑펑 썼다는 말이에요?

여기에서 '잘' 썼다는 말은 돈을 '제대로' 썼다는 의미예요. 메
디치 가문 사람들은 3~4대에 걸쳐 모은 많은 돈을 예술과 학문
이 발전하는 데 아낌없이 투자했어요.

'르네상스의 3대 천재'라고 불리는 레오나르도 다빈치, 부오나로티 미켈란젤로, 라파엘로 산치오를 비롯해 수많은 학자와 예술가가 메디치 가문의 후원을 받아 마음껏 재능을 발휘했답니다. 이 무렵 천재적인 예술가들이 한꺼번에 쏟아져 나온 건 메디치 가문의 후원 덕분이라고 할 수 있죠.

또 메디치 가문은 도서관을 짓고 책을 수집하는 일에도 열심이었어요. 유럽과 오스만 제국, 이집트에까지 사람을 보내 다양한 서적과 문헌을 사들였죠. 그리고 이렇게 수집한 책과 문헌을 도서관에 보관해 두고, 피렌체 시민이라면 누구나 볼 수 있도록 개방했지요.

이처럼 메디치 가문이 문화와 예술, 학문에 아낌없이 후원하고 투자하자 수많은 예술가가 피렌체로 몰려들었고, 피렌체는 문화 예술의 중심지가 되었어요. 그리고 이런 역사적·문화적 배경 속에서 르네상스가 피렌체에서 가장 먼저 피어났답니다. 르네상스 시대가 시작되자 오랜 중세 시대는 마침내 막을 내렸어요. 신의 시대가 끝나고 인간의 시대가 시작된 것이죠.

'위대한 사람' 로렌초 데 메디치

피렌체 우피치 미술관은 이탈리아를 대표하는 미술관 중 하나인데, 르네상스 시대의 회화 작품이 많은 것으로 유명하답니다. 피렌체에 오면 꼭 들러야 하는 곳이죠. 그리고 이 미술관에서 5분 거리에 미켈란젤로가 만든 **메디치 예배당**이 있어요. 바로 이곳에 르네상스 시대가 피렌체에서 꽃피도록 지원한 메디치 가문의 사람들이 잠들어 있답니다. 메디치 가문의 역사에서도 가장 위대한 인물로 기억되는 **로렌초 데 메디치**의 무덤도 이곳에 있어요.

로렌초 데 메디치의 초상화.

로렌초는 메디치 가문의 뜻을 이어받아 온 마음을 다해 예술과 학문을 후원함으로써 역사에 이름을 남겼어요. 그는 서적과 고대 문헌을 구입하고, 도서관과 대학을 설립하거나 지원하는 일에 누구보다 적극적이었어요. 또 당대 최고의 예술가를 후원하고 수많은 작품을 의뢰해 르네상스를 이끌었지요. 특히 로렌초는 당시 13세이던 미켈란젤로를 자신의 집에서 자식처럼 보살피며 훌륭한 예술가로 성장하도록 도왔답니다. 피렌체 사람들은 그를 '위대한 로렌초'라고 불렀어요.

로렌초 데 메디치의 무덤.

LORENZO IL MAGNIFICO e GIVLIANO DEI MEDICI

그렇게 부자였는데 무덤은 생각보다 소박하네요.

그렇죠? 메디치 예배당의 다른 무덤에 비하면 초라하게 느껴질 정도입니다. 하지만 로렌초는 메디치 가문을 최전성기로 이끈 인물이에요.

메디치 가문은 100년 넘게 대를 이어 가며 예술과 학문에 후원했어요. 이런 일이 가능했던 것은 메디치 가문 사람들이 자손들에게 돈을 버는 법과 함께 돈을 제대로 쓰는 법도 가르쳤기 때문일 거예요. 또 그들은 예술과 학문을 후원하는 일에서 진정한 즐거움을 느꼈던 것 같아요. 메디치 가문을 이끌었던 누군가는 이런 말을 남기기도 했답니다.

❝ 사람은 사라져도 예술은 남는다! ❞

 와, 정말 멋지고 존경할 만한 부자네요!

 저도 어떻게 하면 돈을 가치 있게 쓸 수 있을까 생각해 봐야겠어요!

그렇게 말해 주니 매우 뿌듯한데요? 여러분과 한참 떠들다 보니 벌써 이번 그랜드투어 마지막 여행지로 이동할 시간이 되었어요. 다음 장소에서는 또 어떤 모험이 기다리고 있을지 리키를 따라가 볼까요?

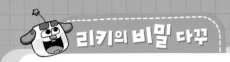

르네상스 시대의 예술 작품

'르네상스의 3대 천재'라고 불리는 레오나르도 다빈치와
부오나로티 미켈란젤로, 라파엘로 산치오는 어떤 멋진 예술 작품을 남겼을까?

 # 레오나르도 다빈치

 제목 모나리자
장소 파리 루브르 박물관
연도 1503~1506년

다빈치는 지구 최고의 천재! 과학자이자 천문학자이자 건축가이자
해부학자이자 발명가이자 화가였어.
<모나리자>는 지구에서 모르는 사람이 없을 정도로 유명한 그림이래.
원근법과 명암대조법, 자연 관찰과 해부학에 바탕을 둔 인체 묘사,
삼각형 구도 등 르네상스 시대의 모든 혁신을 담고 있는 작품이지.
엇, 그런데 눈썹이 없네?

부오나로티 미켈란젤로

로렌초가 한눈에 알아본 르네상스 시대 최고의 천재 예술가. 조각, 회화, 건축 등 모든 분야에 걸쳐 수많은 작품을 남겼어. 그는 조각을 대리석에 갇혀 있는 사람을 드러내는 작업이라고 생각했어. 마치 살아 움직이는 듯한 〈다비드 조각상〉을 보면 그 말이 조금 이해되는 것도 같아! 인체의 생동감과 풍부한 감정을 드러낸 르네상스를 대표하는 조각상이야.

제목 다비드 조각상
장소 피렌체 아카데미아 미술관
연도 1501~1504년

라파엘로 산치오

제목 아테네 학당
장소 바티칸 미술관
연도 1509~1511년

르네상스 화가 중에서 대중에게 가장 인기 있었던 화가.
다빈치와 미켈란젤로의 예술 양식을 받아들여 자신의 것으로 발전시켰어.
〈아테네 학당〉은 섬세한 원근법을 써서 건물의 공간감을 살린 것이 특징이야.
바로 가까운 것은 크게, 멀리 있는 것은 작게 그린 거지! 이 그림이야 말로 고대
그리스 시대의 철학자들이 등장한다는 점에서 르네상스 그 자체인 그림 아닐까?

성 베드로 대성당과
레오 10세

네 번째
여행지

바티칸은 로마 교황청이 다스리는 독립 국가이며, 전 세계 가톨릭의 심장이라고 할 수 있죠. 매주 일요일에 교황은 바티칸의 **성 베드로 대성당**에서 직접 미사를 주관한답니다.

성 베드로 대성당은 권력과 위세를 한껏 뽐내는 듯한 모습이 인상적인데요, 30만 명 이상 수용할 수 있는 거대한 광장과 이를 중심으로 반원을 그리며 길고 높게 뻗은 회랑은 마치 예수가 전 세계를 향해 팔을 벌리고 있는 듯한 느낌을 줘요. 또 곳곳에 세워진 성인의 동상과 분수, 광장 한가운데 우뚝 솟은 오벨리스크는 완벽한 조화와 질서를 이룬답니다. 이렇게 우아하면서도 강렬하고, 화려하면서도 엄숙한 풍경을 보고 있으면 당시 교황의 위세가 얼마나 막강했는지 짐작할 수 있을 거예요.

성 베드로 광장의 전경.

성 베드로 대성당의 회랑.

성 베드로 대성당의 엄청난 규모와 화려함은 하느님을 향한 열정과 헌신을 표현하는 것이기도 해요. 또 권력을 함부로 휘두르고 절제할 줄 몰랐던 당시 가톨릭교회의 한계를 그대로 보여 주기도 하죠. 르네상스 시대의 걸작으로 꼽히는 성 베드로 대성당이 지어질 무렵, 이곳에서 무슨 일이 있었는지 살펴볼까요?

유럽의 정신세계를 지배한 가톨릭

유럽에서 가톨릭이 크게 성장한 건 로마 제국이 멸망한 이후부터예요. 그 이전에는 황제의 권력이 워낙 막강했기 때문에 종교가 정치에서 자유로울 수 없었답니다. 로마 제국이 멸망하자 교회는 교황을 중심으로 세력을 전 유럽으로 확장했고, 가톨릭 교리와 종교적 가르침은 유럽 사회 곳곳에 자연스럽게 뿌리 내렸죠. 가톨릭교회가 중세 유럽 사람의 정신세계를 사로잡는 데 성공한 거예요.

이때가 바로 '신의 시대'인가 봐.
피렌체에서 송쌤이 잠깐 설명하셨잖아요!

오, 정확하게 기억하고 있군요. 가톨릭교회가 크게 성장하면서 중세 유럽은 '신의 시대'로 접어들었어요. 교회의 세력이 커진 만큼 교황의 권위와 권력도 강력해졌답니다. 황제와 왕조차 교황 앞에선 꼼짝 못 할 정도였죠. 이런 분위기에서 예술과 학문 역시 가톨릭 교리가 허용하는 범위에서만 성장할 수 있었답니다. 하지만 우리는 역사에서 배워 이미 잘 알고 있죠. 권력에 취하면 어떻게 된다?

부패한다!

그렇습니다! 권력에 취해 함부로 힘을 휘두르면 그 권력은 부패하게 마련이지요. 중세 유럽의 가톨릭교회 역시 초창기의 순수함을 잃고 점점 변질되었어요. 교황들은 오직 자신들의 배를 불리는 일에만 집착했답니다.

1513년에 교황이 된 **레오 10세**도 마찬가지였어요. 그가 교황으로 선출된 날, 취임 연설로 한 말은 입이 떡 벌어질 만큼 충격적이었어요.

하느님이 우리에게 교황청을 주셨으니 실컷 누립시다!

그림 속 빨간 모자를 쓰고 있는 사람이 레오 10세군요! 어떻게 교황이 저런 말을 할 수 있지?

정말 너무한 거 아니에요? 화가 난다, 화가 나!

교황 레오 10세의 초상화.

당시 가톨릭교회가 얼마나 부패했는지 알 수 있겠죠?

'사치의 끝판왕' 레오 10세

또 한 가지 놀라운 사실은 레오 10세가 메디치 가문 사람이라는 거예요. 그것도 르네상스의 부흥을 이끌어 '위대한 사람'이라고 불린 로렌초 데 메디치의 둘째 아들이랍니다. 레오 10세는 13세 때 추기경이 되어 교황청의 외교를 담당했어요. 메디치 가문의 후광이 있었기에 가능한 일이었죠. 1513년 교황으로 선출된 레오 10세는 교황직을 수행하는 9년 내내 취임 연설에서 밝힌 그대로 행동했답니다.

성 베드로 대성당의 내부.

그는 교황의 역할은 추기경에게 맡겨 두고 들짐승 사냥과 유흥을 즐겼어요. 저녁 식사 때면 65가지 코스 요리가 나왔답니다. 로마에서는 초호화 연회와 무도회가 끊이지 않았고, 각종 행사는 물론 사냥 대회까지 연이어 열렸어요. 이 모든 행사를 교황 레오 10세가 주관했다고 해요.

아이고! 메디치 가문에 먹칠을 하는구나!

141

그는 성직자였지만 세속적인 삶이 주는 즐거움을 포기할 생각이 전혀 없었어요.

레오 10세가 사치스러운 생활에 푹 빠져 있는 동안 지금의 바티칸 지역에서는 성 베드로 대성당 건축 공사가 한창이었어요. 성 베드로 대성당 건축 계획을 처음 세운 건 레오 10세의 바로 전 교황인 율리우스 2세랍니다. 그는 이 대성당이 막강한 교회 권력의 상징이 되길 원했어요. 그래서 천문학적인 액수의 돈을 쏟아부어 전에 없었던 엄청난 규모로 대성당을 짓기 시작했죠. 문제는 공사가 계속되면서 교황청의 재산이 바닥을 드러내기 시작했다는 거예요.

레오 10세는 어떻게 하면 공사비를 마련할 수 있을까 고민하다가 **면죄부**를 팔기로 했어요. 면죄부란 한마디로 '돈을 내면 지은 죄를 사면해 준다'는 의미로 발행한 증명서였답니다!

세상에, 그게 말이 돼? 돈만 있으면 무죄란 말이잖아.

교회가 면죄부를 파는 일은 과거에도 종종 있었어요. 하지만 그때와는 상황이 완전히 달라졌죠. 계속된 부패와 권력 남용으로 가톨릭교회의 신뢰는 이미 땅에 떨어질 대로 떨어져 있었거든요.

마르틴 루터의 초상화.

교황청의 파렴치한 행동에 사람들은 크게 분노했고, 1517년에는 **마르틴 루터**라는 독일의 용감한 신학자가 가톨릭교회의 잘못을 조목조목 지적하고 비판한 글을 독일의 한 교회에 내걸었어요.

가톨릭교회의 개혁을 요구하는 목소리는 거센 불길처럼 온 유럽으로 퍼져 나갔고, 결국 이 사건은 **종교 개혁**으로 이어졌어요. 아무튼 레오 10세가 면죄부를 팔면서까지 공사를 밀어붙인 덕분에 성 베드로 대성당 공사는 계속되었지요.

사실 레오 10세 역시 다른 메디치 가문 사람들과 마찬가지로 학문과 예술에 아낌없이 투자했답니다. 그 덕분에 수많은 학자와 예술가가 로마로 모여들어 재능을 발휘했고, 로마는 문화 전성기를 맞이했어요. 그렇다 보니 자연스럽게 피렌체를 대신해서 로마가 르네상스의 중심지로 떠올랐죠.

아, 그래도 로마를 위해 뭔가를 하긴 했네요.

레오 10세 덕분에 로마는 문화 혜택을 마음껏 누리기도 했어요. 하지만 교황청과 가톨릭교회의 권위는 돌이킬 수 없을 정도로 흔들리게 되었죠. 결국 독일과 영국 등 유럽의 여러 나라는 가톨릭교회의 품을 떠나 새로운 종교를 만들었어요. 손에 쥔 권력을 함부로 휘두르고 절제하지 못한 교황 때문에 역사의 흐름이 바뀐 거예요.

이야기하다 보니 벌써 시간이 훌쩍 지났네요. 어느덧 이탈리아 여행도 끝이 났습니다. 이번 여행이 여러분에게 잊지 못할 경험이 되었으면 좋겠는데, 제가 길잡이 역할을 잘했는지 모르겠네요.

끝이라고요? 벌써요? 말도 안 돼! 너무 아쉬워요.

그래도 정말 재미있고 신나는 탐험이었어요! 송쌤 최고! 리키 짱!

다행입니다! 그러면 이번 그랜드투어는 여기에서 마무리하겠습니다.

절대 권력은 부패하지만 절제는 부패를 막는다!

영국의 역사철학자 액튼은 이런 말을 했죠. '권력은 부패한다. 절대 권력은 절대적으로 부패한다.'

이탈리아는 역시 피자야.

이것이 원조의 맛!

짭 짭

오, 정말 그런 것 같아요.

권력만 쥐면 왜 그렇게 되는 거죠?

권력을 이용해 면죄부를 판매한 일이 그 좋은 예죠.

척

교황과 메디치 가문을 상징하는 문장도 보이죠?

면죄부 사세요! 두 장 사세요~.

하지만 부패를 막을 방법이 하나 있답니다. 바로 '절제'죠!

꼬덕 꼬덕

켁 켁 켁

절제, 절제! 먹는 것에도 절제가 필요해!

타 타

핵심을 찌르는 질문으로 여행을 더욱 풍성하게 만든 지우에겐 '카이사르의 통찰' 배지를, 역사에 대한 다양한 시각을 스펀지처럼 쑥쑥 받아들인 산이에겐 '로마의 유연성' 배지를 드리겠습니다.

로마의 유연성 →

← 카이사르의 통찰

이 배지들은 각 장소에서 제가 여러분에게 꼭 전하고 싶은 이야기와 그 속에 들어 있는 핵심 가치를 생각하며 만든 거예요. 이렇게 갑작스럽게 여행을 오게 될 줄은 꿈에도 몰랐지만요.

지우의 직진 본능 때문에….

그렇지만 따라가지 않을 수 없었다고.

저도 여러분 덕분에 꽤 즐거웠답니다. 지금까지 배지를 3개씩 받았죠? 배지를 모두 모으면 세상을 더 넓고 선명하게 볼 수 있는 안목과 지혜를 갖춘 '그랜드투어 마스터'가 되는 겁니다.

후후. '그투마'를 향한 도전, 두근거리지 않습니까?

앗, 그 말씀은 다음 여행 때도 우리를 데려간다는 말씀인 거죠?

물론이죠! 여러분은 이제 그랜드투어 멤버니까요. 아마 리키가 적당한 때에 여러분을 다시 찾아갈 겁니다. 그럼 다음 여행 때 또 만나기로 하고, 원래 있던 곳으로 돌아갈까요?

깜짝

획

리… 리키가 말을
한 것 같은데?

에이,
잘못 들었겠지.

그, 그래.
잘못 들은 거겠지….

우리도 얼른 돌아가자.
야구 경기가 어떻게
됐을지도 궁금하고!

송쌤,
같이 가요!

사진 출처

어린이를 위한 그랜드투어

마스터 배지

여행을 마칠 때마다 배지를 모아서
그랜드투어 마스터가 되어 보세요!

엘리자베스의 용기

처칠의 포기를 모르는 의지

카이사르의 통찰

나폴레옹의 야망

에펠의 도전 정신

로마의 유연성

1권 마스터 배지
6개 모두 획득!
2권에서 또 만나요!

어린이를 위한 그랜드투어 ① 서유럽

1판 1쇄 인쇄 2024년 10월 21일
1판 1쇄 발행 2024년 11월 11일

원작 송동훈 **글** 김우람 **그림** 윤재홍

펴낸이 이윤석
출판사업본부장 신지원
출판기획팀장 오성임 **책임편집** 하명희
마케팅 김민지, 김참별 **디자인** KL Design **제작** 천광인쇄사
사용연령 8세 이상 **제조연월** 2024년 10월 **제조국** 대한민국

펴낸곳 아이스크림북스
출판등록 2013년 8월 26일 제2013-000241호
주소 (06771) 서울시 서초구 매헌로 16 하이브랜드빌딩 18층
전화 02-3440-4604
이메일 books@i-screamedu.co.kr
인스타그램 @iscreambooks

ⓒ 송동훈·김우람·윤재홍, 2024

ISBN 979-11-6108-830-3(74920)
       979-11-6108-831-0(74920)(세트)

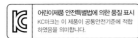